数 学 中学3年間の要点まとめシート

数と式

●計算のきまり

$a(b+c)=ab+ac$

$(x+a)(x+b)=x^2+(a+b)x+ab$

$(x+a)^2=x^2+2ax+a^2$

$(x-a)^2=x^2-2ax+a^2$

$(x+a)(x-a)=x^2-a^2$

$a:b=m:n$ ならば $an=bm$

$\dfrac{a}{\sqrt{b}}=\dfrac{a\times\sqrt{b}}{\sqrt{b}\times\sqrt{b}}=\dfrac{a\sqrt{b}}{b}$

●整数の表し方の例

偶数 ➡ $2m$

奇数 ➡ $2n+1$

連続する3つの整数 ➡ $n, n+1, n+2$

十の位がx,一の位がyの2けたの自然数

➡ $10x+y$

●2次方程式の解の公式

$ax^2+bx+c=0$ ➡ $x=\dfrac{-b\pm\sqrt{b^2-4ac}}{2a}$

関 数

●1次関数

式 $y=ax+b$

グラフ 傾きa,
切片bの直線

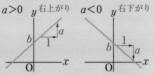

変化の割合は,傾きaに等しく,一定。

$y=ax$ …原点を通る直線(比例のグラフ)

$y=k$ …x軸に平行な直線

$x=h$ …y軸に平行な直線

●反比例

式 $y=\dfrac{a}{x}$

グラフ
双曲線

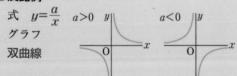

●関数 $y=ax^2$

式 $y=ax^2$

グラフ 放物線で,軸はy軸,頂点は原点

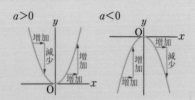

(変化の割合)$=\dfrac{(y\text{の増加量})}{(x\text{の増加量})}$

変化の割合は一定ではない。注意!

データの活用

●相対度数

(相対度数)$=\dfrac{(\text{その階級の度数})}{(\text{度数の合計})}$

累積度数…最初の階級からある階級までの度数を合計したもの。

累積相対度数…最初の階級からある階級までの相対度数を合計したもの。

●度数分布表からの平均値の求め方

(平均値)$=\dfrac{\{(\text{階級値}\times\text{度数})\text{の合計}\}}{(\text{度数の合計})}$ ◎重要

●四分位数

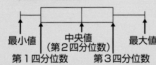

(四分位範囲)$=$(第3四分位数)$-$(第1四分位数)

●場合の数や確率の求め方

樹形図や表を活用するとよい。

「あといい」「いとあ」を区別するか,しないかに気をつける。注意!

●確率

(Aの起こる確率)$=\dfrac{(\text{Aの起こる場合の数})}{(\text{すべての場合の数})}$

(Aの起こらない確率)$=1-$(Aの起こる確率)

「少なくとも〜」の確率は,Aの起こらない確率を利用することが多い。◎重要

●標本調査

集団の傾向を調べるため,集団の一部分を調査すること。

● **二等辺三角形の性質**

・2つの底角は等しい。

・頂角の二等分線は, 底辺を垂直に2等分する。

● **三角形の合同条件**

次のいずれかが等しいとき2つの三角形は合同。

1 3組の辺

2 2組の辺とその間の角

3 1組の辺とその両端の角

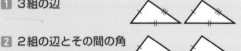

合同を≡を使って表すとき, 対応する頂点を同じ順に書く。◎重要

直角三角形の場合は, 斜辺と1つの鋭角, あるいは斜辺と他の1辺が等しければ合同。

● **三角形の相似条件**

次のいずれかが等しいとき2つの三角形は相似。

1 3組の辺の比

2 2組の辺の比とその間の角

3 2組の角

　　辺の長さがわからないときは3を使う。◎重要

● **相似な図形の面積比と体積比**

相似な平面図形で, 相似比が$m:n$のとき,

　　面積比　$m^2:n^2$

相似な立体で, 相似比が$m:n$のとき,

　　表面積の比　$m^2:n^2$

　　体積比　$m^3:n^3$

● **三平方の定理**

$\angle C = 90° \iff a^2 + b^2 = c^2$

● **特別な直角三角形の3辺の比**

● **座標平面上の2点間の距離**

2点A(a, b), B(c, d)間の距離は,

$AB = \sqrt{(a-c)^2 + (b-d)^2}$

● **平行線と線分の比**

PQ//BCならば,

1 AP : AB = AQ : AC
　　　　　= PQ : BC

2 AP : PB = AQ : QC

● **平行線にはさまれた線分の比**

$p//q//r$ ならば,

1 $a:b = a':b'$

2 $a:a' = b:b'$

● **中点連結定理**

△ABCの2辺AB, ACの中点を, それぞれM, Nとすると,

MN//BC, MN$=\dfrac{1}{2}$BC

● **平行四辺形の性質**

1 2組の対辺はそれぞれ等しい。

2 2組の対角はそれぞれ等しい。

3 対角線はそれぞれの中点で交わる。

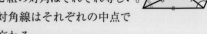

● **平行四辺形になるための条件**

1 2組の対辺がそれぞれ平行である。(定義)

2 2組の対辺がそれぞれ等しい。

3 2組の対角がそれぞれ等しい。

4 対角線がそれぞれの中点で交わる。

5 1組の対辺が平行でその長さが等しい。

● **多角形の角**

n角形の内角の和　➡　$180° \times (n-2)$

多角形の外角の和　➡　$360°$

正多角形の1つの内角の大きさは外角から求めるとよい。◎重要

● **円周角の定理**

$\angle APB = \dfrac{1}{2} \angle AOB$

$\angle APB = \angle AQB$

半円の弧に対する円周角は90°

● **円・おうぎ形**

円の面積　$S = \pi r^2$

おうぎ形の弧の長さ　$\ell = 2\pi r \times \dfrac{a}{360}$

おうぎ形の面積　$S' = \pi r^2 \times \dfrac{a}{360} = \dfrac{1}{2}\ell r$

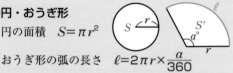

● **角錐・円錐の体積**

$V = \dfrac{1}{3}Sh$

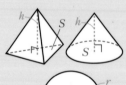

● **球の体積と表面積**

体　積　$V = \dfrac{4}{3}\pi r^3$

表面積　$S = 4\pi r^2$

もくじ

1 日目 **数と式の計算** 2
正負の数の計算／文字式・関係を表す式／1次式・多項式の計算
単項式の乗法・除法／式の値／等式の変形

2 日目 **多項式の計算と平方根** 6
式の展開／因数分解／近似値と有効数字／平方根の計算

3 日目 **方程式・比例式** 10
1次方程式／比例式／連立方程式／2次方程式

4 日目 **方程式・比例式の利用** 14
1次方程式の利用／比例式の利用／連立方程式の利用
2次方程式の利用

5 日目 **比例と反比例，1次関数** 18
比例・反比例の式の求め方／比例・反比例のグラフ
1次関数の式の求め方／方程式とグラフ

6 日目 **関数 $y=ax^2$，いろいろな関数** 22
関数 $y=ax^2$／グラフの問題／いろいろな関数

7 日目 **平面図形①** 26
図形の移動／基本の作図／円とおうぎ形
平行線と角／多角形の内角と外角

8 日目 **平面図形②** 30
三角形の合同と証明／二等辺三角形／平行四辺形

9 日目 **空間図形** 34
直線や平面の位置関係／回転体・投影図／立体の体積と表面積

10 日目 **相似な図形** 38
相似な図形／三角形の相似条件／中点連結定理
平行線と比／相似な図形の面積と体積

11 日目 **円** 42
円周角の定理／円周角の定理の逆／円の接線／円と相似

12 日目 **三平方の定理** 46
三平方の定理／三平方の定理の逆／特別な直角三角形の3辺の比
三平方の定理の利用

13 日目 **確率** 50
確率の求め方／確率

14 日目 **データの活用，標本調査** 54
データの活用／四分位範囲と箱ひげ図／標本調査の利用

第1回 総復習テスト .... **58**　**第2回 総復習テスト** **62**

基礎問題

解答 ➡ 別冊解答 2 ページ

■ 正負の数の計算

1 次の計算をしなさい。

(1) $8+(-3)-(-2)$

　　　　　(　　　　　　　)

(2) $\dfrac{1}{4}-\left(-\dfrac{2}{3}\right)$

　　　　　(　　　　　　　)

(3) $10÷\left(-\dfrac{2}{5}\right)$

　　　　　(　　　　　　　)

(4) $\dfrac{4}{3}×\left(-\dfrac{6}{5}\right)÷\left(-\dfrac{8}{15}\right)$

　　　　　(　　　　　　　)

(5) $(-28)÷7-4×(-3)$

　　　　　(　　　　　　　)

(6) $-3^2+(-2)^2$

　　　　　(　　　　　　　)

■ 文字式・関係を表す式

2 次の数量を，文字を使った式で表しなさい。

(1) x g の 9 ％　　　　　　　(　　　　　　　)

(2) a 円の品物の 3 割引きの値段

　　　　　　　　　　(　　　　　　　)

3 次の数量の間の関係を，等式か不等式で表しなさい。

(1) a g の箱に b g の品物を 5 個つめると，重さの合計は 600 g だった。

　　　　　　　　　　(　　　　　　　)

(2) x m の道のりを分速 60 m で歩くと，かかった時間は y 分未満だった。

　　　　　　　　　　(　　　　　　　)

■ 正負の数の計算

分数でわる除法
わる数の逆数をかける乗法になおして計算する。

乗除の混じった計算
乗法だけの式になおして計算する。

四則の混じった計算
かっこの中・累乗⇒乗除⇒加減の順に計算する。

注意! 累乗の計算

累乗の計算では，次の計算のちがいに注意する。

例・$(-3)^2=(-3)×(-3)=9$
　・$-3^2=-(3×3)=-9$

■ 文字式・関係を表す式

知トク 割合の表し方

・a ％ … $\dfrac{a}{100}$

・a ％増 … $1+\dfrac{a}{100}$

・a ％引き … $1-\dfrac{a}{100}$

・x 割 … $\dfrac{x}{10}$

・x 割増 … $1+\dfrac{x}{10}$

・x 割引き … $1-\dfrac{x}{10}$

不等号を使った表し方

・a は b 以上　　　…$a≧b$
・a は b 以下　　　…$a≦b$
・a は b より大きい　…$a>b$
・a は b より小さい⎫
・a は b 未満　　　⎭…$a<b$

学ぶ人は、
変えて
ゆく人だ。

目の前にある問題はもちろん、

人生の問いや、

社会の課題を自ら見つけ、

挑み続けるために、人は学ぶ。

「学び」で、

少しずつ世界は変えてゆける。

いつでも、どこでも、誰でも、

学ぶことができる世の中へ。

旺文社

■ 1次式・多項式の計算

4 次の計算をしなさい。

(1) $(3a + 7) - (2a - 3)$

(2) $(16x - 24) \div \left(-\dfrac{4}{3}\right)$

(　　　　　)　　　　　(　　　　　)

(3) $2(x - 3y) - 3(2x - y)$

(4) $\dfrac{a+b}{2} - \dfrac{a+3b}{4}$

(　　　　　)　　　　　(　　　　　)

■ 単項式の乗法・除法

5 次の計算をしなさい。

(1) $2x \times (-3xy)$

(2) $-18a^2b \div \left(-\dfrac{3}{2}a\right)$

(　　　　　)　　　　　(　　　　　)

(3) $4x^2y \div (-3xy) \times 6y$

(4) $8x^3y^3 \div (2x)^2 \div (-y)^3$

(　　　　　)　　　　　(　　　　　)

■ 式の値

6 $a = -\dfrac{1}{2}$, $b = 3$ のとき, 次の式の値を求めなさい。

(1) $(3a + 2b) - 5(a + b)$

(2) $2a^2b \div ab \times (-3b)$

(　　　　　)　　　　　(　　　　　)

■ 等式の変形

7 次の等式を〔　〕の中の文字について解きなさい。

(1) $2x + 3y = -6$ 〔 y 〕

(2) $S = \dfrac{1}{2}ah$ 〔 h 〕

(　　　　　)　　　　　(　　　　　)

(3) $m = \dfrac{a+b}{2}$ 〔 b 〕 　　(　　　　　)

■ 1次式・多項式の計算

かっこの前が－のときは, 符号に注意してかっこをはずす。

・ $-(a+b) = -a - b$

・ $-(a-b) = -a + b$

1次式・多項式と数の除法
わる数の逆数をかける乗法になおしてから, 分配法則を使う。

4(3) $2(x - 3y) - 3(2x - y)$
　　　　　符号に注意

(4) 通分して, 1つの分数にまとめる。

■ 単項式の乗法・除法

乗除の混じった計算

・ $A \times B \div C = \dfrac{A \times B}{C}$

・ $A \div B \times C = \dfrac{A \times C}{B}$

・ $A \div B \div C = \dfrac{A}{B \times C}$

注意! 逆数のつくり方

5(2) $-\dfrac{3}{2}a = -\dfrac{3a}{2}$ だから,

$-\dfrac{3}{2}a$ の逆数は, $-\dfrac{2}{3a}$

注意! 累乗をふくむ計算
5(4) まず, 累乗の計算をする。

■ 式の値

負の数を代入するときはかっこをつける。

知っトク 式の値と代入
式を簡単にしてから数を代入すると, 計算が簡単になることがある。

■ 等式の変形

等式を, $x = \sim$ の形に変形することを, x について解くという。

7(2) まず, 両辺を入れかえる。

$$S = \dfrac{1}{2}ah$$

$$\dfrac{1}{2}ah = S$$

↑ 解きたい文字を左辺に。

1 日目
2 日目
3 日目
4 日目
5 日目
6 日目
7 日目
8 日目
9 日目
10 日目
11 日目
12 日目
13 日目
14 日目

数と式の計算

得点

／100点

基礎力確認テスト

解答 ➡ 別冊解答2ページ

1 絶対値が 2.5 より小さい整数はいくつあるか，求めなさい。〈和歌山〉[5点]

（　　　　　　　　）

2 次の計算をしなさい。[5点×4]

(1)　$1+(-8)-6$　　　〈山形〉

（　　　　　　　　）

(2)　$(-12)÷4+(-3)×(-5)$　　　〈茨城〉

（　　　　　　　　）

(3)　$\dfrac{16}{7}×\left(\dfrac{5}{4}-3\right)$　　　〈愛知〉

（　　　　　　　　）

(4)　$-3^2-(-3)^2$　　　〈大分〉

（　　　　　　　　）

3 次の計算をしなさい。[5点×4]

(1)　$2(a+3b)-3(a-2b)$　　　〈三重〉

（　　　　　　　　）

(2)　$4(3x+y)-6\left(\dfrac{5}{6}x-\dfrac{4}{3}y\right)$　　　〈京都〉

（　　　　　　　　）

(3)　$\dfrac{3}{2}x-6y-\dfrac{1}{4}(3x-8y)$　　　〈千葉〉

（　　　　　　　　）

(4)　$\dfrac{3a-b}{2}-\dfrac{2a-b}{3}$　　　〈大阪〉

（　　　　　　　　）

4 次の計算をしなさい。[5点×4]

(1)　$(-3x)^2×x$　　　〈山口〉

（　　　　　　　　）

(2)　$(-2ab^2)÷\dfrac{3}{2}ab$　　　〈福島〉

（　　　　　　　　）

(3)　$5x^2y÷(-4xy)×8y$　　　〈富山〉

（　　　　　　　　）

(4)　$(-3a)^2×2ab^3÷6a^2b$　　　〈長崎〉

（　　　　　　　　）

5 $x=8$，$y=-6$ のとき，$5x-7y-4(x-2y)$ の値を求めなさい。〈京都〉[5点]

（　　　　　　　　）

6 次の問いに答えなさい。[5点×3]

(1) 次の数量の関係を不等式で表しなさい。

「1本 a 円の鉛筆 5 本の代金と，1冊 b 円のノート 2 冊の代金との合計は 500 円以下である。」〈大阪〉

(　　　　　　　　)

(2) a 個のりんごを，b 人の子どもに 1 人 5 個ずつ配ると 2 個余る。このとき，b を a の式で表しなさい。〈大分〉

(　　　　　　　　)

(3) 等式 $c = \dfrac{10a - b}{9}$ を b について解きなさい。〈鹿児島〉

(　　　　　　　　)

7 2けたの正の整数がある。この整数の十の位の数と一の位の数を入れかえた整数をつくる。このとき，入れかえた整数の 2 倍ともとの整数の和は，3 の倍数になる。この理由を，もとの整数の十の位の数を x，一の位の数を y として，x と y を使った式を用いて説明しなさい。〈広島〉[10点]

（説明）

8 右の図のように，横の長さが 9cm の長方形の紙を，のりしろの幅が 2cm となるようにつないで横に長い長方形をつくっていく。このとき，紙を n 枚使ってできる長方形の横の長さを，n を用いて表しなさい。〈静岡〉[5点]

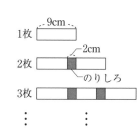

(　　　　　　　　)

2 日目 多項式の計算と平方根

基礎問題

解答 ➡ 別冊解答3ページ

■ 式の展開

1 次の式を展開しなさい。

(1) $(x+1)(y-3)$

（　　　　　　　）

(2) $(x+6)(x-2)$

（　　　　　　　）

(3) $(x-5)(x-4)$

（　　　　　　　）

(4) $(x-8)^2$

（　　　　　　　）

(5) $(2a+3)^2$

（　　　　　　　）

(6) $(a+4b)(a-4b)$

（　　　　　　　）

2 $(x+7)(x+2)-(x-2)^2$ を計算しなさい。

（　　　　　　　）

■ 因数分解

3 次の式を因数分解しなさい。

(1) $3x^2+9x$

（　　　　　　　）

(2) x^2+7x+6

（　　　　　　　）

(3) x^2+x-12

（　　　　　　　）

(4) x^2+6x+9

（　　　　　　　）

(5) a^2-49

（　　　　　　　）

(6) $2x^2-8x+8$

（　　　　　　　）

■ 式の展開

展開

単項式や多項式の積の形の式を，かっこをはずして単項式の和の形に表すこと。

$(a+b)(c+d)$
$$=ac+ad+bc+bd$$

乗法公式

・$(x+a)(x+b)$
$$=x^2+(a+b)x+ab$$
・$(x+a)^2=x^2+2ax+a^2$
・$(x-a)^2=x^2-2ax+a^2$
・$(x+a)(x-a)=x^2-a^2$

注意！ ( )をはずすときの符号

2 $(x+7)(x+2)-(x-2)^2$
$=x^2+9x+14$
$$-(x^2-4x+4)$$

かっこをつけて展開し，符号のミスをふせぐ。

■ 因数分解

因数分解

多項式をいくつかの因数の積として表すこと。

$$ma+mb=m(a+b)$$

因数分解の公式

・$x^2+(a+b)x+ab$
$$=(x+a)(x+b)$$
・$x^2+2ax+a^2=(x+a)^2$
・$x^2-2ax+a^2=(x-a)^2$
・$x^2-a^2=(x+a)(x-a)$

注意！ 共通因数

共通因数があるときは，まず，共通因数でくくる。

3 (6) $2x^2-8x+8=2(x^2-4x+4)$
因数分解する。

■ 近似値と有効数字

4 次の問いに答えなさい。

(1) ある数 n の小数第 2 位を四捨五入したら 3.5 になった。n の範囲を不等号を使って表しなさい。

（　　　　　　　　）

(2) 12000 を有効数字 3 けたとして，（整数部分が 1 けたの数）×（10 の累乗）の形で表しなさい。

（　　　　　　　　）

■ 平方根の計算

5 次の計算をしなさい。

(1) $\sqrt{10} \times \sqrt{5}$

(2) $\sqrt{5} \div \sqrt{7}$

（　　　　　）　　　（　　　　　）

6 次の計算をしなさい。

(1) $2\sqrt{3} + 3\sqrt{3}$

(2) $\sqrt{28} - \sqrt{63}$

（　　　　　）　　　（　　　　　）

(3) $\sqrt{3} - \sqrt{75} + \sqrt{48}$

(4) $\dfrac{4}{\sqrt{2}} - \sqrt{18}$

（　　　　　）　　　（　　　　　）

7 次の計算をしなさい。

(1) $\sqrt{2}(\sqrt{6} - 3\sqrt{2})$

(2) $(2\sqrt{3} - 5)^2$

（　　　　　）　　　（　　　　　）

8 $x = \sqrt{5} + 2,\ y = \sqrt{5} - 2$ のとき，$x^2 + 2xy + y^2$ の式の値を求めなさい。

（　　　　　　　　）

■ 近似値と有効数字

近似値
測定値など，真の値ではないが，それに近い値。

有効数字
近似値を表す数字のうち，信頼できる数字。

■ 平方根の計算

根号のついた数の変形
$a\sqrt{b} = \sqrt{a^2 b}$　$(a > 0)$

平方根の積と商
・$\sqrt{a} \times \sqrt{b} = \sqrt{ab}$

・$\dfrac{\sqrt{a}}{\sqrt{b}} = \sqrt{\dfrac{a}{b}}$

根号の中の数はできるだけ小さい自然数にしておく。

よくでる　分母の有理化

分母に根号がある数は，分母と分子に同じ数をかけて，分母に根号がない形にする。

例　$\dfrac{1}{\sqrt{3}} = \dfrac{1 \times \sqrt{3}}{\sqrt{3} \times \sqrt{3}} = \dfrac{\sqrt{3}}{3}$

根号をふくむ式の加減
・$m\sqrt{a} + n\sqrt{a} = (m+n)\sqrt{a}$
・$m\sqrt{a} - n\sqrt{a} = (m-n)\sqrt{a}$
根号の中の数が異なる場合は，$a\sqrt{b}$ の形に変形できるか考える。

根号をふくむ式のいろいろな計算
分配法則や乗法公式を使って，根号をふくむ式の計算をする。

例　$\sqrt{3}(\sqrt{6} + 5)$
$= \sqrt{3} \times \sqrt{6} + \sqrt{3} \times 5$
$= 3\sqrt{2} + 5\sqrt{3}$

知っトク　因数分解の利用

式が因数分解できるときは，因数分解した式に代入する。

8 $x^2 + 2xy + y^2$
$= (x+y)^2$
$= (\sqrt{5} + 2 + \sqrt{5} - 2)^2$
$= (2\sqrt{5})^2$ ←計算が簡単になる。

1 日目
2 日目
3 日目
4 日目
5 日目
6 日目
7 日目
8 日目
9 日目
10 日目
11 日目
12 日目
13 日目
14 日目

多項式の計算と平方根

基礎力確認テスト

解答 ➜ 別冊解答3ページ

1 次の式を展開しなさい。[3点×4]

(1) $(x-3)(x+5)$ 〈沖縄〉

(　　　　　　　　)

(2) $(x-2)^2$ 〈栃木〉

(　　　　　　　　)

(3) $(x-6)(x+6)$ 〈佐賀〉

(　　　　　　　　)

(4) $(3x+y)^2$ 〈大阪〉

(　　　　　　　　)

2 次の計算をしなさい。[4点×2]

(1) $(x+2)(x-5)-6x$ 〈滋賀〉

(　　　　　　　　)

(2) $(x-1)^2-(x+2)(x-8)$ 〈神奈川〉

(　　　　　　　　)

3 次の式を因数分解しなさい。[4点×8]

(1) x^2-6x+8 〈沖縄〉

(　　　　　　　　)

(2) $x^2+4x-12$ 〈埼玉〉

(　　　　　　　　)

(3) $4x^2-25$ 〈茨城〉

(　　　　　　　　)

(4) $x^2+10x+25$ 〈岩手〉

(　　　　　　　　)

(5) $x^2y+4xy-21y$ 〈京都〉

(　　　　　　　　)

(6) $2x^2-18$ 〈長崎〉

(　　　　　　　　)

(7) $(x-6)(x+3)-4x$ 〈神奈川〉

(　　　　　　　　)

(8) $(x-5)^2+2(x-5)-63$ 〈京都〉

(　　　　　　　　)

4 $2x+y=4$, $2x-y=8$ のとき，$4x^2-y^2$ の値を求めなさい。〈富山〉[4点]

(　　　　　　　　)

5 ある数 a の小数第2位を四捨五入したら 3.7 になった。このとき，a の値の範囲を不等号を使って表しなさい。〈鹿児島〉[4点]

(　　　　　　　　　　　)

6 光が1秒間に進む距離の測定値 300000 km を，有効数字を2けたとして，整数部分が1けたの小数と 10 の累乗との積の形で表しなさい。〈岐阜〉[4点]

(　　　　　　　　　　　)

7 次の計算をしなさい。[4点×4]
(1) $\sqrt{21} \times \sqrt{7}$ 〈福島〉 (2) $7\sqrt{6} + \sqrt{54}$ 〈大阪〉

(　　　　　　　) (　　　　　　　)

(3) $\sqrt{48} + \sqrt{3} - \sqrt{12}$ 〈富山〉 (4) $\sqrt{45} - 2\sqrt{20} + \dfrac{10}{\sqrt{5}}$ 〈三重〉

(　　　　　　　) (　　　　　　　)

8 次の計算をしなさい。[4点×2]
(1) $(\sqrt{5} + \sqrt{3})(\sqrt{5} - \sqrt{3})$ 〈東京〉 (2) $(\sqrt{5} + 7\sqrt{2})(\sqrt{5} - \sqrt{2})$ 〈三重〉

(　　　　　　　) (　　　　　　　)

9 $x = \sqrt{5} + 3$，$y = 3$ のとき，$x^2 - 2xy + y^2$ の値を求めなさい。〈茨城〉[4点]

(　　　　　　　　　　　)

10 次の問いに答えなさい。[4点×2]
(1) $\sqrt{5} < n < \sqrt{13}$ となるような自然数 n を求めなさい。〈高知〉

(　　　　　　　　　　　)

(2) $\sqrt{90n}$ の値が自然数となるような自然数 n のうち，最も小さいものを求めなさい。

〈福井〉

(　　　　　　　　　　　)

方程式・比例式

基礎問題

解答 ➡ 別冊解答4ページ

■ 1次方程式

1 次の方程式を解きなさい。

(1) $2x + 35 = 9x$

(2) $4x - 3 = x - 12$

　　　（　　　　　　　）　　　　　（　　　　　　　）

(3) $3x + 4 = 5(x - 2)$

(4) $0.7x - 1.6 = 8 - 0.5x$

　　　（　　　　　　　）　　　　　（　　　　　　　）

(5) $\dfrac{1}{3}x + \dfrac{3}{5} = 1 + \dfrac{2}{5}x$

(6) $\dfrac{1 - 2x}{3} = 7 - 2x$

　　　（　　　　　　　）　　　　　（　　　　　　　）

■ 比例式

2 次の比例式で、x の値を求めなさい。

(1) $x : 21 = 3 : 7$

(2) $3 : 4 = (x + 3) : 12$

　　　（　　　　　　　）　　　　　（　　　　　　　）

■ 連立方程式

3 次の連立方程式を解きなさい。

(1) $\begin{cases} 3x - 2y = 12 \\ x - 3y = 25 \end{cases}$

(2) $\begin{cases} x - 2y = 8 \\ y = x - 5 \end{cases}$

　　　（　　　　　　　）　　　　　（　　　　　　　）

■ 1次方程式

1次方程式を解く手順
① x をふくむ項を左辺に、数の項を右辺に移項する。
② $ax = b$ の形にする。
③ 両辺を x の係数 a でわる。

係数に小数や分数を
　　　　　　　　ふくむ方程式

例1　$0.4x - 7 = 0.2x + 15$

両辺に10をかけて、
　　　$4x - 70 = 2x + 150$

整数へのかけ忘れに注意！

例2　$\dfrac{1}{3}x + 3 = \dfrac{1}{2}x$

両辺に6をかけて、
　　　↑
　　分母3、2の最小公倍数
　　　$2x + 18 = 3x$

■ 比例式

比例式の性質
　$a : b = m : n$ ならば、$an = bm$

例　$x : 6 = 5 : 2$
　　　$x \times 2 = 6 \times 5$
　　　$2x = 30$　　$x = 15$

■ 連立方程式

加減法…一方の文字の係数の絶対値をそろえ、左辺どうし、右辺どうしをたすかひくかして、1つの文字を消去する解き方。

例　$\begin{cases} x + y = 3 & \cdots① \\ 3x - 2y = 4 & \cdots② \end{cases}$

①×2　　　$2x + 2y = 6$
②　　　　$+)\ 3x - 2y = 4$
　　　　　　　$5x\ \ \ \ \ = 10$
　　　　　　↑ y を消去。

4 次の連立方程式を解きなさい。

(1) $\begin{cases} 3(x+4)=2(y+5) \\ 2x-y=1 \end{cases}$
(2) $\begin{cases} \dfrac{2}{3}x+\dfrac{1}{2}y=2 \\ 3x+2y=7 \end{cases}$

(   )   (   )

5 方程式 $3x+2y=x-y=5$ を解きなさい。

(   )

■ ２次方程式

6 次の方程式を解きなさい。

(1) $x^2=8$
(2) $(x-2)^2=3$

(   )   (   )

7 次の方程式を解きなさい。

(1) $x^2-3x+1=0$
(2) $x^2+2x-5=0$

(   )   (   )

8 次の方程式を解きなさい。

(1) $x^2+3x=0$
(2) $x^2-14x+49=0$

(   )   (   )

(3) $x^2+10x+24=0$
(4) $x^2+2x-15=0$

(   )   (   )

1 日目
2 日目
3 日目
4 日目
5 日目
6 日目
7 日目
8 日目
9 日目
10 日目
11 日目
12 日目
13 日目
14 日目

代入法…一方の式を他方の式に代入し，１つの文字を消去する解き方。

例 $\begin{cases} x+y=5 & \cdots① \\ x=2y+1 & \cdots② \end{cases}$

②を①に代入すると，
xを消去。→ $(2y+1)+y=5$

4(1) 分配法則を使ってかっこをはずし，式を整理する。
(2) 分母をはらって，係数を整数になおす。

$A=B=C$ の形の連立方程式
次のいずれかの組み合わせをつくって解く。

$\begin{cases} A=B \\ A=C \end{cases}$ $\begin{cases} A=B \\ B=C \end{cases}$ $\begin{cases} A=C \\ B=C \end{cases}$

▶知っトク 組み合わせ方
C が数だけのときは，
$\begin{cases} A=C \\ B=C \end{cases}$ の組み合わせをつくって解くとよい。

■ ２次方程式

２次方程式の解き方
・平方根の利用
$x^2=k \rightarrow x=\pm\sqrt{k}$
$(x+m)^2=k \rightarrow x=-m\pm\sqrt{k}$

例 $(x+1)^2=7$
$x+1=\pm\sqrt{7}$
$x=-1\pm\sqrt{7}$

・解の公式を利用
$ax^2+bx+c=0$
$\rightarrow x=\dfrac{-b\pm\sqrt{b^2-4ac}}{2a}$

注意！ 解の公式と約分

例 $x^2-4x+1=0$
$x=\dfrac{\overset{2}{\cancel{4}}\pm\overset{1}{\cancel{2}}\sqrt{3}}{\underset{1}{\cancel{2}}}$ 2で約分。
$x=2\pm\sqrt{3}$

・因数分解を利用
$x(x-m)=0$
$\rightarrow x=0,\ x=m$
$(x-m)(x-n)=0$
$\rightarrow x=m,\ x=n$
$(x+m)^2=0$
$\rightarrow x=-m$ ←解は1つ。

方程式・比例式

得点 ／100点

基礎力確認テスト

解答 ➡ 別冊解答4ページ

1 次の方程式を解きなさい。[4点×4]

(1) $5x - 10 = 3x$ 〈熊本〉

(2) $3x - 4 = -2x + 6$ 〈長崎〉

( ) ( )

(3) $0.2(x-2) = x + 1.2$ 〈千葉〉

(4) $x - 6 = \dfrac{x}{4}$ 〈新潟〉

( ) ( )

2 次の比例式で，x の値を求めなさい。[5点×2]

(1) $x : 6 = 5 : 3$ 〈大阪〉

(2) $(x-3) : 8 = 3 : 2$ 〈愛知〉

( ) ( )

3 x についての1次方程式 $9x - 3 = ax + 12$ の解が3であるとき，a の値を求めなさい。

〈京都〉[5点]

( )

4 次の連立方程式を解きなさい。[5点×4]

(1) $\begin{cases} 3x + 2y = -1 \\ 5x - 4y = 35 \end{cases}$ 〈京都〉

(2) $\begin{cases} x - 2y = 8 \\ y = 2x - 7 \end{cases}$ 〈茨城〉

( ) ( )

(3) $\begin{cases} y = x + 6 \\ y = -2x + 3 \end{cases}$ 〈岩手〉

(4) $\begin{cases} \dfrac{x}{2} - \dfrac{y+1}{4} = -2 \\ x + 4y = 10 \end{cases}$ 〈長崎〉

( ) ( )

5 方程式 $4x+y=x-5y=14$ を解きなさい。〈大阪〉[5点]

$$(\qquad\qquad)$$

6 連立方程式 $\begin{cases} x-y=6 \\ 2x+y=3a \end{cases}$ の解 $x,\ y$ が $x:y=3:1$ であるとき，a の値とこの連立方程式の解を求めなさい。〈栃木〉完答[5点]

a の値$(\qquad\qquad)$ 　解$(\qquad\qquad)$

7 次の方程式を解きなさい。[4点×6]

(1) $x^2-7=0$ 〈北海道〉 (2) $(x+1)^2-16=0$ 〈徳島〉

$$(\qquad\qquad)\qquad\qquad(\qquad\qquad)$$

(3) $x^2-12x-28=0$ 〈富山〉 (4) $x^2-12x+35=0$ 〈東京〉

$$(\qquad\qquad)\qquad\qquad(\qquad\qquad)$$

(5) $x^2+2x-1=0$ 〈三重〉 (6) $5x^2-9x+3=0$ 〈埼玉〉

$$(\qquad\qquad)\qquad\qquad(\qquad\qquad)$$

8 次の方程式を解きなさい。[5点×2]

(1) $x^2-x=2(6-x)$ 〈福井〉 (2) $(x+2)^2=3x+5$ 〈長崎〉

$$(\qquad\qquad)\qquad\qquad(\qquad\qquad)$$

9 x についての2次方程式 $x^2-ax+2a=0$ の解の1つが3であるとき，a の値を求めなさい。また，もう1つの解を求めなさい。〈静岡〉完答[5点]

a の値$(\qquad\qquad)$ 　もう1つの解$(\qquad\qquad)$

1 日目
2 日目
3 日目
4 日目
5 日目
6 日目
7 日目
8 日目
9 日目
10 日目
11 日目
12 日目
13 日目
14 日目

方程式・比例式の利用

4 日目

学習日　　月　　日

基礎問題

解答 ➡ 別冊解答5ページ

■ 1次方程式の利用

1 ドーナツを10個買おうとしたが，持っていたお金では150円足りなかったので，8個買ったら110円残った。ドーナツ1個の値段と，持っていたお金を求めなさい。

ドーナツ1個の値段（　　　　　　　）

持っていたお金（　　　　　　　）

2 ある山道を時速3kmで登り，時速5kmで下ると往復で4時間かかった。この山道は何kmあるか求めなさい。

（　　　　　　　）

■ 比例式の利用

3 60本のうち，あたりが15本入っているくじがある。このくじに，あたりがふくまれる割合が同じになるようにあと40本追加したい。40本のうち，何本をあたりにすればよいか求めなさい。

（　　　　　　　）

4 長さ120cmのひもを，長さの比が5：3になるように2本に分けたい。何cmと何cmにすればよいですか。

（　　　　　　　）

■ 1次方程式の利用

方程式を使って問題を解く
① 求めるものを明らかにし，何を x で表すかを決める。
② 問題にふくまれている数量を，x を使って表す。
③ 数量の間の等しい関係を見つけて，方程式をつくる。
④ 方程式を解く。
⑤ 解が問題に適しているかどうかを確かめる。

1 ドーナツ1個の値段を x 円として，持っていたお金を表す式で等式をつくるとよい。

速さ，時間，道のりの関係
・速さ＝$\dfrac{道のり}{時間}$
・時間＝$\dfrac{道のり}{速さ}$
・道のり＝速さ×時間

■ 比例式の利用

2つの数量の割合が，つねに等しくなるとき，比例式を利用して問題を解くことができる。

よくでる 数量を分ける

ある数量を与えられた比に分けるとき，全体との比を考える。$a：b$ に分けるとき，全体は，$a+b$ と考える。

知っトク 比例式の計算

比を簡単にして計算できる。
例　$x：6＝12：8$　簡単な比になおす。
　　$x：6＝3：2$
　　$2x＝18$
　　$x＝9$

連立方程式の利用

5 ある美術館の入館料は，おとな4人と中学生2人で2100円，おとな3人と中学生6人で2520円だった。おとな1人，中学生1人の入館料はそれぞれいくらか求めなさい。

おとな(　　　　　　　)　中学生(　　　　　　　)

6 シャツと帽子(ぼうし)を買った。定価の合計は3000円だったが，シャツは2割引き，帽子は3割引きだったので，合計で780円安くなった。シャツと帽子のそれぞれの定価を求めなさい。

シャツ(　　　　　　　)　帽子(　　　　　　　)

2次方程式の利用

7 連続する2つの自然数がある。それぞれの数を2乗し，その和を求めると85になる。この2つの自然数を求めなさい。

(　　　　　　　)

8 横の長さが縦の長さより3cm長い長方形がある。この長方形の縦を2cm短くし，横を2cm長くすると，その面積は60cm²になった。もとの長方形の縦の長さを求めなさい。

(　　　　　　　)

1日目
2日目
3日目
4日目
5日目
6日目
7日目
8日目
9日目
10日目
11日目
12日目
13日目
14日目

■ 連立方程式の利用

①問題にふくまれている数量のうち，どの数量をx，yで表すかを決める。
②数量の間の等しい関係をみつけて，x，yを使って連立方程式に表す。
③連立方程式を解く。
④解が問題に適しているかどうかを確かめる。

個数と代金の問題
→「個数」の関係と「代金」の関係に着目する。

速さの問題
→「道のり」の関係と「時間」の関係に着目する。

割合の問題
→「全体の量」の関係や「部分の量」の関係に着目する。

割合を使った数量

xのa%…$x \times \dfrac{a}{100}$

xのb割…$x \times \dfrac{b}{10}$

■ 2次方程式の利用

①どの数量をxで表すかを決める。
②数量の間の等しい関係をみつけて，方程式をつくる。
③方程式を解く。
④解が問題に適しているかどうかを確かめる。

注意! 解の確かめ
xのとる値の範囲に注意する。

知っ卜ク 整数の表し方
（m，nは整数）
・偶数→$2m$，奇数→$2n+1$
・aの倍数→an
・連続する3つの整数
　→n，$n+1$，$n+2$

・十の位がx，一の位がyの2けたの自然数
　→$10x+y$

方程式・比例式の利用

基礎力確認テスト

解答 ➡ 別冊解答5ページ

1 5つの整数2，10，8，x，7の平均値が6であるとき，xの値を求めなさい。

〈栃木〉[10点]

（　　　　　　　）

2 りんご5個と80円のオレンジ1個の代金の合計は，りんご1個と60円のバナナ1本の代金の合計の4倍である。このとき，りんご1個の値段を求めなさい。〈沖縄〉[10点]

（　　　　　　　）

3 はなこさんは，ハンバーグをつくるために家庭科の教科書を見た。右の表は，ハンバーグ1人分の分量の一部分を表している。いま，ひき肉が96g ある。家庭科の教科書に書かれている分量と同じ割合でハンバーグをつくるとき，ひき肉96g に対して必要なたまねぎの分量を求めなさい。〈岩手〉[10点]

ハンバーグ（1人分）
ひき肉　120g
たまねぎ　45g

（　　　　　　　）

4 ある遊園地の入場料は，おとな1人300円，子ども1人150円である。ある日の子どもの入場者数は，おとなの入場者数の2倍より20人多かった。また，その日の入場料の合計金額は，33000円であった。このとき，次の問いに答えなさい。〈佐賀〉[10点×2]

(1) おとなの入場者数をx人，子どもの入場者数をy人として，x，yについての連立方程式を次のようにつくった。このとき，①，②にあてはまる式を求めなさい。

$$\begin{cases} y = \boxed{\qquad ① \qquad} \\ \boxed{\qquad ② \qquad} = 33000 \end{cases}$$

①（　　　　　　　）　②（　　　　　　　）

(2) おとなの入場者数と子どもの入場者数をそれぞれ求めなさい。

おとな（　　　　　　　）　子ども（　　　　　　　）

5 2種類の体験学習 A，Bがあり，生徒は必ず A，Bのいずれか一方に参加する。A，Bそれぞれを希望する生徒の人数の比は 1：2 であった。その後，14 人の生徒が B から A へ希望を変更したため，A，Bそれぞれを希望する生徒の人数の比は 5：7 となった。体験学習に参加する生徒の人数は何人か，求めなさい。

〈愛知〉［10点〕

（　　　　　　　　　　）

6 A さんは，家から 2400 m 離れた学校に通学している。最初は分速 60 m で歩いていたが，途中から分速 150 m で走ったところ，全体で 31 分かかって学校に着いた。歩いた時間と走った時間をそれぞれ求めなさい。〈鹿児島〉［10点〕

歩いた時間（　　　　　　　　）　走った時間（　　　　　　）

7 連続する 3 つの自然数があり，中央の数の 9 倍は，最も小さい数と最も大きい数の積から 9 をひいた数に等しい。このとき，中央の数を求めなさい。〈福島〉［10点〕

（　　　　　　　　　）

8 横の長さが縦の長さの 2 倍の長方形がある。この長方形の縦を 2 cm，横を 4 cm それぞれ長くしたところ，その面積が 72 cm^2 になった。このとき，もとの長方形の縦の長さを求めなさい。〈新潟〉［10点〕

（　　　　　　　　　）

9 1 個 100 円で売ると，1 日に 240 個売れる商品がある。この商品は 1 円値下げするごとに，1 日あたり 4 個多く売れる。この商品を x 円値下げした日の売り上げは 25600 円であった。このとき，何円値下げしたかを求めなさい。〈栃木〉［10点〕

（　　　　　　　　）

基礎問題

解答 ➡ 別冊解答6ページ

■ 比例・反比例の式の求め方

1 y は x に比例し，$x=9$ のとき $y=-6$ である。次の問いに答えなさい。

(1) y を x の式で表しなさい。　（　　　　　　　　）

(2) $x=-12$ のときの y の値を求めなさい。

（　　　　　　　　）

2 y は x に反比例し，$x=3$ のとき $y=4$ である。次の問いに答えなさい。

(1) y を x の式で表しなさい。　（　　　　　　　　）

(2) $x=-6$ のときの y の値を求めなさい。

（　　　　　　　　）

■ 比例・反比例のグラフ

3 右の図について，次の問いに答えなさい。

(1) 次の関数のグラフを右の図にかきなさい。

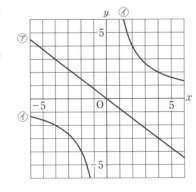

① $y=\dfrac{3}{2}x$

② $y=-\dfrac{6}{x}$

(2) 直線⑦の式を求めなさい。

（　　　　　　　　）

(3) 双曲線④の式を求めなさい。

（　　　　　　　　）

比例・反比例の式の求め方

比例の式の求め方
①式を $y=ax$ とおく。
②対応する x, y の値を代入する。
③比例定数 a の値を求める。

反比例の式の求め方
①式を $y=\dfrac{a}{x}$ とおく。
②対応する x, y の値を代入する。
③比例定数 a の値を求める。

▶知トク 反比例の式
　反比例を表す式 $y=\dfrac{a}{x}$ は，$xy=a$ と変形できる。

例 $x=2$ のとき $y=6$ である反比例の式は，
$2\times6=a$ ← $xy=a$ に
$a=12$　$x=2, y=6$
よって，　を代入。
$y=\dfrac{12}{x}$

■ 比例・反比例のグラフ

比例のグラフ…原点を通る直線
反比例のグラフ…双曲線

グラフから式を求める
①比例のグラフ　→ $y=ax$
　反比例のグラフ → $y=\dfrac{a}{x}$
　とおく。
②グラフが通る点のうち，x 座標，y 座標がともに整数である点をみつける。
③①の式に，②でみつけた点の x 座標，y 座標の値をそれぞれ代入し，比例定数 a の値を求める。

■ 1次関数の式の求め方

4 次の1次関数の式を求めなさい。

(1) グラフの傾きが2で，点$(-2, 2)$を通る直線である。

（　　　　　　　　　）

(2) グラフが，直線$y = -2x + 1$に平行で，点$(2, -7)$を通る直線である。

（　　　　　　　　　）

(3) グラフが2点$(-1, 4)$，$(2, 1)$を通る直線である。

（　　　　　　　　　）

■ 方程式とグラフ

5 方程式$x + 2y = -6$のグラフについて，次の問いに答えなさい。

(1) 傾きと切片を求めなさい。

傾き（　　　　　　）　切片（　　　　　）

(2) x軸との交点の座標を求めなさい。

（　　　　　　　　　）

6 右の図で，直線ℓの式は$y = 2x - 1$であり，直線mと点Aで交わる。また，直線nはx軸と平行で，直線ℓとy軸で交わる。このとき，次の問いに答えなさい。

(1) 直線nの式を求めなさい。

（　　　　　　　　　）

(2) 直線mの式を求めなさい。

（　　　　　　　　　）

(3) 点Aの座標を求めなさい。

（　　　　　　　　　）

1 日目
2 日目
3 日目
4 日目
5 日目
6 日目
7 日目
8 日目
9 日目
10 日目
11 日目
12 日目
13 日目
14 日目

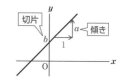

■ 1次関数の式の求め方

1次関数のグラフ
1次関数$y = ax + b$のグラフは，傾きa，切片bの直線である。

傾きと直線が通る1点の座標から求める
①式を$y = ax + b$とおく。
②aに傾きの値を代入する。
③1点の座標の値を代入して，bの値を求める。

直線が通る2点の座標から求める
・傾きを求める方法
①式を$y = ax + b$とおく。
②2点の座標から，傾きaの値を求める。
　例 2点$(1, 2)$ $(3, 6)$を通る。
　　→ 傾きは，$\dfrac{6-2}{3-1} = 2$
③②の値と1点の座標の値を代入して，bの値を求める。

・連立方程式を利用する方法
①式を$y = ax + b$とおく。
②2点の座標の値をそれぞれ代入する。
③a，bについての連立方程式を解き，a，bの値を求める。

4 (2)　平行な直線は，傾きが等しい。

■ 方程式とグラフ

2元1次方程式のグラフ
グラフは直線になる。特に，
・$y = k$ → x軸に平行な直線
・$x = h$ → y軸に平行な直線
　　　　（k，hは定数）

2直線の交点の座標
2直線の式を連立方程式としたときの解になる。

比例と反比例，1次関数

基礎力確認テスト

解答 ➡ 別冊解答6ページ

1 次の問いに答えなさい。[7点×3]

(1) y は x に比例し，$x=3$ のとき $y=-15$ である。このとき，y を x の式で表しなさい。〈福島〉

(　　　　　　　　　)

(2) y は x に反比例し，$x=6$ のとき $y=6$ である。$y=9$ のときの x の値を求めなさい。〈山口〉

(　　　　　　　　　)

(3) y は x に反比例し，x の変域が $2 \leq x \leq 6$ のときの y の変域が $2 \leq y \leq 6$ である。$x=3$ のときの y の値を求めなさい。〈愛知〉

(　　　　　　　　　)

2 毎分 6 L ずつ水を入れると，30 分間でいっぱいになる水そうがある。この水そうに，毎分 x L ずつ水を入れるとき，いっぱいになるまでに y 分間かかるとして，y を x の式で表しなさい。〈岩手〉[8点]

(　　　　　　　　　)

3 次の問いに答えなさい。[7点×4]

(1) 1次関数 $y=-\dfrac{3}{2}x+5$ について，x の増加量が 6 のときの y の増加量を求めなさい。〈京都〉

(　　　　　　　　　)

(2) 1次関数 $y=-\dfrac{1}{5}x+1$ について，x の変域が $-5 \leq x \leq 10$ のときの y の変域を求めなさい。〈福島〉

(　　　　　　　　　)

(3) y は x の1次関数で，そのグラフが点 $(2,\ 1)$ を通り，傾き 3 の直線であるとき，この1次関数の式を求めなさい。〈佐賀〉

(　　　　　　　　　)

(4) 2点 $(3,\ 2)$，$(5,\ 6)$ を通る直線の式を求めなさい。〈兵庫〉

(　　　　　　　　　)

4 傾きが4，切片が−3である直線 m がある。方程式 $4x+5y=20$ のグラフと，直線 m の交点の座標を求めなさい。〈三重改〉[8点]

（ 　　　　　　　　 ）

5 右の図において，ℓ は関数 $y=2x$ のグラフで，m は傾きが−1 の直線である。ℓ と m は点Aで交わり，点Aの x 座標は 1である。また，m と x 軸の交点をBとする。このとき，次の問いに答えなさい。〈高知〉[7点×2]

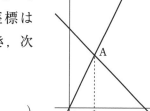

(1) 点Bの座標を求めなさい。

（ 　　　　　　　　 ）

(2) x 軸上に x 座標が2である点Pをとり，点Pを通り y 軸に平行な直線が ℓ，m と交わる点をそれぞれQ，Rとする。このとき，△AQRの面積を求めなさい。

（ 　　　　　　　　 ）

6 1周3200mの池がある。太郎さんと花子さんは，同じ場所から出発し，それぞれこの池の周りを1周する。

右のグラフは，太郎さんが出発してから x 分後における進んだ道のりを y mとして，x と y の関係を表したものである。〈富山〉[7点×3]

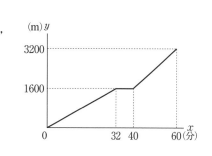

(1) 太郎さんは，出発して32分後から8分間休憩した。休憩前は毎分何mの速さで進んだか求めなさい。

（ 　　　　　　　　 ）

(2) 休憩後に太郎さんが進んだ様子を表した直線の式を求めなさい。

（ 　　　　　　　　 ）

(3) 花子さんは，太郎さんが出発してから24分後に，太郎さんとは反対の向きに毎分40mの速さで進んだ。2人が出会うのは太郎さんが出発してから何分後か求めなさい。

（ 　　　　　　　　 ）

1 日目
2 日目
3 日目
4 日目
5 日目
6 日目
7 日目
8 日目
9 日目
10 日目
11 日目
12 日目
13 日目
14 日目

基礎問題

解答 ➲ 別冊解答7ページ

■ 関数 $y = ax^2$

1 次のア～エから，y が x の2乗に比例するものをすべて選び，記号で答えなさい。

　ア　縦が5 cm，横が x cm である長方形の面積を y cm^2 とする。

　イ　半径 x cm の半円の面積を y cm^2 とする。

　ウ　1辺 x cm の立方体の体積を y cm^3 とする。

　エ　1辺 x cm の立方体の表面積を y cm^2 とする。

（　　　　　　　）

2 y は x の2乗に比例し，$x=4$ のとき $y=4$ である。

(1)　y を x の式で表しなさい。

（　　　　　　　）

(2)　$x=-2$ のときの y の値を求めなさい。

（　　　　　　　）

3 関数 $y=2x^2$ について，x の変域が次のときの y の変域を求めなさい。

(1)　$1 \leqq x \leqq 3$　　　　(2)　$-3 \leqq x \leqq 2$

（　　　　　　　）　　（　　　　　　　）

4 関数 $y=\dfrac{1}{2}x^2$ で，x の値が次のように増加するときの変化の割合を求めなさい。

(1)　2から4まで　　　　(2)　-3 から -1 まで

（　　　　　　　）　　（　　　　　　　）

■ 関数 $y = ax^2$

関数 $y=ax^2$
y が x の2乗に比例する関数で，a を比例定数という。

関数 $y=ax^2$ のグラフ
関数 $y=ax^2$ のグラフは，「原点を通り」「y 軸について対称」な曲線で，放物線とよばれる。
・$a>0$ のとき … 上に開く。
・$a<0$ のとき … 下に開く。

関数 $y=ax^2$ の変域
関数 $y=ax^2$ で，
・$a>0$ のとき
　$x=0$ で，y は最小値0
・$a<0$ のとき
　$x=0$ で，y は最大値0
をとる。
例　$y=x^2$（$-1 \leqq x \leqq 2$）
　　y は，
　　　$x=0$ のとき，最小値0
　　　$x=2$ のとき，最大値4
　　よって，$0 \leqq y \leqq 4$

関数 $y=ax^2$ の変化の割合
$$（変化の割合）＝\frac{（y の増加量）}{（x の増加量）}$$
1次関数の変化の割合は比例定数に等しく一定だが，関数 $y=ax^2$ の変化の割合は，一定ではない。
例　$y=2x^2$ で，x の値が2から3まで増加するときの変化の割合は，
$$\frac{2 \times 3^2 - 2 \times 2^2}{3-2} = \frac{10}{1} = 10$$

5 右の図の①～③の放物線の式を
　　求めなさい。

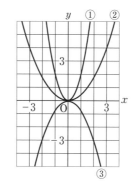

　　　　①（　　　　　　　　　）

　　　　②（　　　　　　　　　）

　　　　③（　　　　　　　　　）

■ グラフの問題

6 右の図のように，$y=ax^2$ のグラ
フと $y=2x+6$ のグラフが点 A で
交わる。点 A の x 座標が 6 であ
るとき，次の問いに答えなさい。

(1) 点 A の座標を求めなさい。

　　　　　　　　（　　　　　　　　　）

(2) a の値を求めなさい。

　　　　　　　　　（　　　　　　　　　）

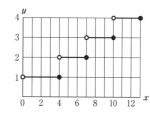

■ いろいろな関数

7 ある駐車場の駐車料金は，最初の 1 時間までが 500 円
で，1 時間を超えると 30 分ごとに 100 円ずつ加算さ
れる。例えば，1 時間を超え 1 時間 30 分以内だと 600
円になる。
駐車時間を x 時間，
駐車料金を y 円とし
て，x と y の関係を
表すグラフを右の図
にかきなさい。

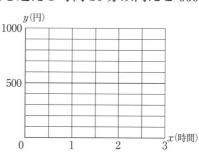

1 日目

2 日目

3 日目

4 日目

5 日目

6 日目

7 日目

8 日目

9 日目

10 日目

11 日目

12 日目

13 日目

14 日目

■ **グラフの問題**

グラフの問題では，
・問題文にある座標などの数値
　を図にかきこむ。
・問題文にグラフの式と x（ま
　たは y）の値があるときは，
　対応する y（x）の値を求め，
　図にかきこむ。

グラフから $y=ax^2$ の式を
求める

グラフ上の 1 点の座標がわかれ
ば，その x 座標，y 座標の値を
$y=ax^2$ に代入して，a の値を求
める。

直線 $y=ax+b$ の式を求める
2 点の座標から傾き a を求め，
その傾きと直線を通る点の x 座
標，y 座標の値を $y=ax+b$ に
代入し，切片 b を求める。

傾きは，$\dfrac{y\text{の増加量}}{x\text{の増加量}}$ に等しい。

■ **いろいろな関数**

関数…ともなって変わる 2 つの
　変数を x，y で表すとき，x
　の値を決めると，それにとも
　なって y の値がただ 1 つ決ま
　るとき，「y は x の関数である」
　という。

階段のような形をしたグラフ

○…端の点をふくまない。
●…端の点をふくむ。

上の図のようなグラフで表され
る関数には，
・交通機関の乗車距離と運賃
・荷物の大きさと送料
・ガスや電気の使用量と料金
などがある。

基礎力確認テスト

解答 ➡ 別冊解答7ページ

1 次の問いに答えなさい。[9点×3]

(1) y は x の2乗に比例し, $x = 2$ のとき $y = 1$ である。y を x の式で表しなさい。〈千葉〉

（　　　　　　　　）

(2) 関数 $y = -2x^2$ について, x の変域が $-2 \leqq x \leqq 1$ のときの y の変域を求めなさい。

〈高知〉

（　　　　　　　　）

(3) 関数 $y = \dfrac{1}{3}x^2$ について, x の値が3から6まで増加するときの変化の割合を求めなさい。〈愛知〉

（　　　　　　　　）

2 次の問いに答えなさい。[9点×2]

(1) 関数 $y = 2x^2$ について, x の変域が $a \leqq x \leqq 1$ のとき, y の変域は $0 \leqq y \leqq 18$ である。このとき, a の値を求めなさい。〈新潟〉

（　　　　　　　　）

(2) 関数 $y = ax^2$ について, x の値が -5 から -3 まで増加したときの変化の割合が2であるとき, a の値を求めなさい。〈三重〉

（　　　　　　　　）

3 右の図は, 関数 $y = 2x^2$ のグラフと, 関数 $y = ax^2$ のグラフを同じ座標軸を使ってかいたものであり, 直線 ℓ は x 軸に平行である。
直線 ℓ と y 軸との交点を A, 直線 ℓ と関数 $y = 2x^2$, 関数 $y = ax^2$ のグラフとの交点のうち, x 座標が正である点をそれぞれ B, C とする。また, 点 B の x 座標が1で, AB＝BC である。このとき, a の値を求めなさい。〈山口〉[8点]

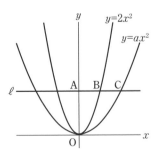

（　　　　　　　　）

4 右の図のように，関数 $y = \dfrac{1}{2}x^2$ のグラフ上に，点 A$(-2, 2)$

と x 座標が4である点Bがある。原点をOとして，次の問いに答えなさい。〈長崎〉[9点×3]

(1) 点Bの y 座標を求めなさい。

　　　　　　　　　　　　　　（　　　　　　　　　）

(2) 直線ABの式を求めなさい。

　　　　　　　　　　　　　　　　　　（　　　　　　　　　）

(3) △OABの面積を求めなさい。

　　　　　　　　　　　　　　　　　　（　　　　　　　　　）

5 右のグラフと表は，A社とB社について，荷物を送るときの荷物の重さと料金の関係をそれぞれ表したものである。重さが15kg以下の荷物を送るとき，次の問いに答えなさい。なお，A社の料金グラフでは，端の点をふくむ場合は•，ふくまない場合は。を使って表している。〈富山〉[10点×2]

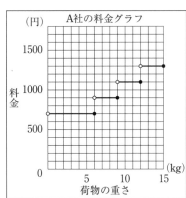

(1) A社について，荷物の重さを x kg，料金を y 円とするとき，y は x の関数といえるか。次の**ア**，**イ**から適切なものを選び，記号で答えなさい。また，そのように判断した理由を答えなさい。

　　ア 関数といえる

　　イ 関数といえない

　　　（　　　　　　　　　　　　　　　　　　　　　　　　　）

(2) 次の文は，A社とB社の料金について述べたものである。**ア**，**イ**にあてはまる数をそれぞれ答えなさい。

> B社の料金の方がA社の料金よりも安くなるのは，荷物の重さが，　**ア**　kgより重く，　**イ**　kg以下のときである。

　　　　　　　　ア（　　　　　　　）　**イ**（　　　　　　　）

1日目
2日目
3日目
4日目
5日目
6日目
7日目
8日目
9日目
10日目
11日目
12日目
13日目
14日目

基礎問題

解答 ➡ 別冊解答8ページ

■ 図形の移動

1 次の図の△ABC を，それぞれ(1)，(2)のように移動させてできる△A'B'C' をかきなさい。

(1) 点 O を回転の中心として，時計回りに 90° だけ回転移動

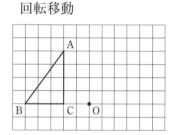

(2) 直線 ℓ を対称の軸として対称移動

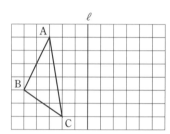

■ 基本の作図

2 右の図の△ABC について，次の作図をしなさい。

(1) 辺 AB の垂直二等分線

(2) 辺 AC に垂直で，点 B を通る直線

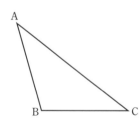

■ 円とおうぎ形

3 半径 6 cm，中心角 120° のおうぎ形について，次の問いに答えなさい。

(1) 弧の長さを求めなさい。　　（　　　　　　）

(2) 面積を求めなさい。

（　　　　　　）

■ 図形の移動

平行移動
一定の方向に，一定の距離だけ動かす移動。

回転移動
1つの点を中心として，一定の角度だけ回転する移動。

対称移動
1つの直線を折り目として折り返す移動。

■ 基本の作図

垂直二等分線

垂線
点が直線上にある　点が直線上にない

角の二等分線

■ 円とおうぎ形

・弧の長さ
$\ell = 2\pi r \times \dfrac{a}{360}$

・面積
$S = \pi r^2 \times \dfrac{a}{360} = \dfrac{1}{2}\ell r$

■ 平行線と角

4 次の図で，$\ell /\!/ m$ のとき，$\angle x$ の大きさを求めなさい。

(1)

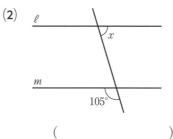

(　　　　　)

(2)

(　　　　　)

(3)

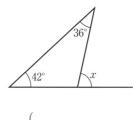

(　　　　　)

(4)

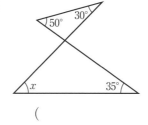

(　　　　　)

■ 多角形の内角と外角

5 次の図で，$\angle x$ の大きさを求めなさい。

(1)

(　　　　　)

(2)

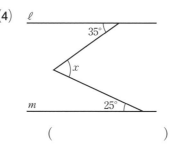

(　　　　　)

(3)

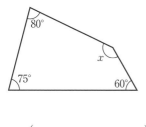

(　　　　　)

(4)

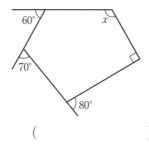

(　　　　　)

6 正十角形の1つの内角の大きさを求めなさい。

(　　　　　)

1 日目

2 日目

3 日目

4 日目

5 日目

6 日目

7 日目

8 日目

9 日目

10 日目

11 日目

12 日目

13 日目

14 日目

■ 平行線と角

平行線と角の性質

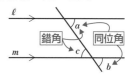

$\ell /\!/ m$ ならば，

$\angle a = \angle b$ （同位角）

$\angle a = \angle c$ （錯角）

4(4)　補助線をひく。

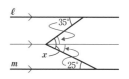

上の図のように，$\angle x$ の頂点を通り，ℓ，m に平行な直線をひいて，錯角を利用する。

■ 多角形の内角と外角

三角形の内角・外角の性質

・三角形の内角の和は 180°

・三角形の外角は，それととなり合わない2つの内角の和に等しい。

多角形の内角・外角の和

・n 角形の内角の和 →

$\qquad 180° \times (n-2)$

・多角形の外角の和 → 360°

6 外角から求めるとよい。

例　正八角形の1つの内角の大きさ

1つの外角の大きさは，

$360° \div 8 = 45°$

よって，1つの内角の大きさは，

$180° - 45° = 135°$

↑ある角の

（内角）＋（外角）

$= 180°$

平面図形①

基礎力確認テスト

解答 ➡ 別冊解答8ページ

1 右の図の△ABC を頂点 A を中心として反時計回りに 90° 回転移動させてできる△ADE を，定規とコンパスを用いて作図し，頂点 D，頂点 E の位置を示す文字 D，E もかきなさい。ただし，作図に用いた線は消さないでおくこと。〈東京〉[11点]

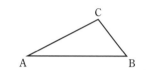

2 右の図の△ABC において，次の ___ の中に示した条件①と条件②の両方にあてはまる点 P を作図しなさい。

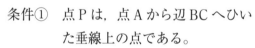

> 条件①　点 P は，点 A から辺 BC へひいた垂線上の点である。
> 条件②　∠ABP ＝∠CBP である。

ただし，作図には定規とコンパスを使用し，作図に用いた線は残しておくこと。〈静岡〉[11点]

3 右の図において，2 直線 ℓ，m は平行である。このとき，∠x の大きさを求めなさい。〈神奈川〉[11点]

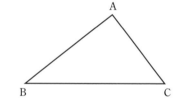

（　　　　　　　）

4 右の図で，ℓ//m のとき，∠x の大きさを求めなさい。

〈山口〉[11点]

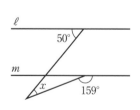

（　　　　　　　）

5 右の図で，∠x の大きさを求めなさい。〈宮崎〉[11点]

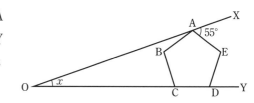

（　　　　　　　　　）

6 右の図のように，正五角形 ABCDE の頂点 A
が線分 OX 上にあり，頂点 C，D が線分 OY
上にある。∠XAE＝55° のとき，∠x の大き
さを求めなさい。〈和歌山〉[11点]

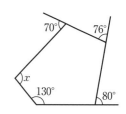

（　　　　　　　　　）

7 右の図で，∠x の大きさを求めなさい。〈岐阜〉[11点]

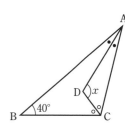

（　　　　　　　　　）

8 右の図の△ABC において，∠A の二等分線と∠C の二等分
線の交点を D とする。∠ABC＝40° のとき，∠x の大きさを
求めなさい。〈沖縄〉[11点]

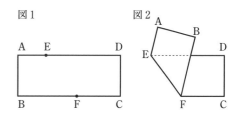

（　　　　　　　　　）

9 図1の長方形 ABCD において，2点 E，F は，
それぞれ辺 AD，BC 上の点である。長方形
ABCD を図2のように，線分 EF を折り目と
して折り返すと，∠BFC＝76° になった。こ
のとき，∠AEF の大きさを求めなさい。

〈静岡〉[12点]

図1　　　　　　　図2

（　　　　　　　　　）

1 日目
2 日目
3 日目
4 日目
5 日目
6 日目
7 日目
8 日目
9 日目
10 日目
11 日目
12 日目
13 日目
14 日目

8日目 平面図形②

基礎問題

解答 ➡ 別冊解答9ページ

■ 三角形の合同と証明

1 次の図で，合同な三角形の組を，記号≡を使って表しなさい。また，そのときに使う合同条件を答えなさい。

(1) AO = CO，DO = BO

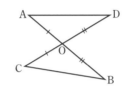

　　三角形の組（　　　　　　　）
　　合同条件（　　　　　　　　　　　）

(2) ∠A = ∠C = 90°，DA = DC

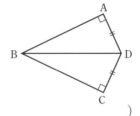

　　三角形の組（　　　　　　　）
　　合同条件（　　　　　　　　　　　）

2 右の図で，AB = AC，∠ABD = ∠ACE であるとき，BD = CE であることを証明しなさい。
（証明）

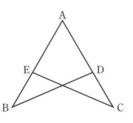

■ 三角形の合同と証明

三角形の合同条件

①3組の辺がそれぞれ等しい。

②2組の辺とその間の角がそれぞれ等しい。

③1組の辺とその両端の角がそれぞれ等しい。

直角三角形の合同条件

①斜辺と1つの鋭角がそれぞれ等しい。

②斜辺と他の1辺がそれぞれ等しい。

合同な図形の性質
・対応する線分の長さは等しい。
・対応する角の大きさは等しい。

注意！ 合同な図形
合同を表す記号≡を使うときは，対応する頂点を周にそって同じ順に書く。

■ 二等辺三角形

3 次の図で, AB = AC のとき, ∠x の大きさを求めなさい。

(1)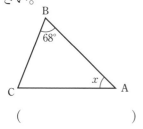

(　　　　　)

(2)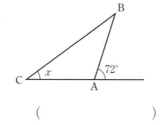

(　　　　　)

4 右の図で, AB = AC = CD, ∠C = 50° のとき, ∠BAD の大きさを求めなさい。

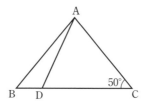

(　　　　　)

■ 平行四辺形

5 右の □ABCD で, 次の長さや角の大きさを求めなさい。

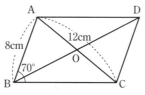

(1) DC の長さ

(　　　　　)

(2) AO の長さ

(　　　　　)

(3) ∠BCD の大きさ 　　(　　　　　)

6 次のア～エの四角形 ABCD で, 平行四辺形であるといえるものをすべて選び, 記号で答えなさい。

ア　AB = 6 cm, BC = 6 cm, CD = 8 cm, DA = 8 cm

イ　AD∥BC, AD = 5 cm, BC = 5 cm

ウ　AB = 7 cm, DC = 7 cm, ∠A = 65°, ∠D = 115°

エ　∠A = 80°, ∠B = 80°, ∠C = 100°, ∠D = 100°

(　　　　　)

1 日目
2 日目
3 日目
4 日目
5 日目
6 日目
7 日目
8 日目
9 日目
10 日目
11 日目
12 日目
13 日目
14 日目

■ 二等辺三角形

定義
2つの辺が等しい三角形。

性質
① 底角は等しい。
② 頂角の二等分線は, 底辺を垂直に2等分する。

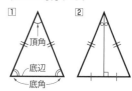

二等辺三角形になる条件
2つの角が等しい三角形は二等辺三角形である。

正三角形
3つの辺が等しい三角形。

知っトク 二等辺三角形の利用
二等辺三角形の2つの底角が等しいことは, よく使う。
4 △ABC, △ADC がともに二等辺三角形であることから考える。

■ 平行四辺形

定義
2組の対辺がそれぞれ平行な四角形。

性質
① 2組の対辺はそれぞれ等しい。
② 2組の対角はそれぞれ等しい。
③ 対角線はそれぞれの中点で交わる。

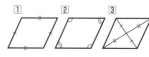

平行四辺形になるための条件
① 2組の対辺がそれぞれ平行である(定義)。
② 2組の対辺がそれぞれ等しい。
③ 2組の対角がそれぞれ等しい。
④ 対角線がそれぞれの中点で交わる。
⑤ 1組の対辺が平行でその長さが等しい。

平面図形②

基礎力確認テスト

解答 ➡ 別冊解答9ページ

1 線分 AB と線分 CD が点 O で交わっているとき，AO＝BO，CO＝DO ならば，AC∥DB であることを，次のように証明したい。

☐ Ⅰ ，☐ Ⅱ ，☐ Ⅲ にあてはまる最も適当なものを，下の**ア〜カ**の中からそれぞれ選び，記号で答えなさい。〈愛知〉[10点×3]

（証明）△AOC と △BOD で，

仮定より，　　　　　　　　AO＝BO　　…①

　　　　　　　　　　　　　　CO＝DO　　…②

☐ Ⅰ は等しいから，∠AOC＝∠BOD　…③

①，②，③から，☐ Ⅱ がそれぞれ等しいので，　△AOC≡△BOD

合同な図形では，対応する角の大きさは等しいので，∠ACO＝∠BDO

2つの直線に1つの直線が交わるとき，☐ Ⅲ が等しいならば，この

2つの直線は平行だから，AC∥DB

- **ア** 同位角
- **イ** 錯角
- **ウ** 対頂角
- **エ** 1組の辺とその両端の角
- **オ** 2組の辺とその間の角
- **カ** 2組の辺と1組の角

Ⅰ（　　　　）　Ⅱ（　　　　）　Ⅲ（　　　　）

2 右の図のような，∠A が鋭角で AB＝AC の二等辺三角形 ABC がある。辺 AB，AC 上に ∠ADC＝∠AEB＝90° となるようにそれぞれ点 D，E をとる。このとき，AD＝AE であることを証明しなさい。〈栃木〉[20点]

（証明）

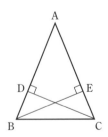

3 右の図において，△ABC は，AB = AC，∠BAC = 30°
の二等辺三角形である。また，△PQC は，PC∥AB と
なるように，△ABC を，点 C を中心として回転移動
させたものである。∠x の大きさを求めなさい。

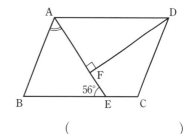

〈大分〉[10点]

(   )

4 右の図で，四角形 ABCD は平行四辺形である。
E は辺 BC 上の点，F は線分 AE と∠ADC の二等
分線との交点で，AE ⊥ DF である。∠FEB = 56°
のとき，∠BAF の大きさは何度か，求めなさい。

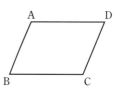

〈愛知〉[10点]

(   )

5 右の図のような平行四辺形 ABCD がある。この平行四辺形に，
条件∠A = ∠B を加えると，長方形になる。
では，平行四辺形 ABCD がひし形になるには，どのような条件
を加えればよいか。次のア～エの中から正しいものを 1 つ選び，
記号で答えなさい。〈愛知〉[10点]

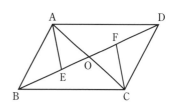

> ア ∠A = ∠D　　　イ AB = AD　　　ウ AB = AC　　　エ AC = BD

(   )

6 右の図のように，平行四辺形 ABCD があり，対角線の
交点を O とする。対角線 BD 上に OE = OF となるよう
に異なる 2 点 E，F をとる。このとき，△OAE ≡ △OCF
であることを証明しなさい。〈岩手〉[20点]

(証明)

1 日目
2 日目
3 日目
4 日目
5 日目
6 日目
7 日目
8 日目
9 日目
10 日目
11 日目
12 日目
13 日目
14 日目

学習日　　月　　日

基礎問題

解答 ➡ 別冊解答 10 ページ

■ 直線や平面の位置関係

1 右の図の直方体について，次の(1)～(3)にあてはまるものをすべて答えなさい。

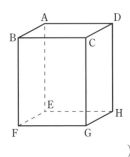

(1) 面 ABFE に平行な辺

（　　　　　　　　　　　）

(2) 辺 GH に垂直な面

（　　　　　　　　　　　）

(3) 辺 BF とねじれの位置にある辺

（　　　　　　　　　　　）

■ 回転体・投影図

2 下の図の長方形を，直線 ℓ を軸として回転させてできる立体の見取図をかきなさい。

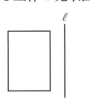

3 次の投影図で表された立体の名前を答えなさい。

ア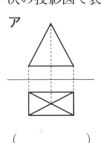　イ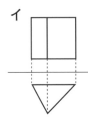　ウ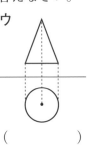

（　　　　）　（　　　　）　（　　　　）

■ 直線や平面の位置関係

2つの直線の位置関係

同じ平面上にある　同じ平面上にない

交わる　平行である　ねじれの位置にある

交わらない

ねじれの位置

空間内で，2直線が，平行でなく交わらない位置関係にあること。

直線と平面の位置関係

平面上にある　交わる　平行

2つの平面の位置関係

交わる　平行

■ 回転体・投影図

回転体

平面図形を1つの直線を軸に回転させてできる立体。

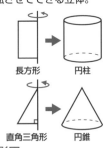

長方形　円柱

直角三角形　円錐

投影図

立面図と平面図を合わせた図。

・立面図…正面から見た図。

・平面図…真上から見た図。

■ 立体の体積と表面積

4 次の立体の体積を求めなさい。

(1) 底面積が $30\,\mathrm{cm}^2$，高さが $5\,\mathrm{cm}$ である五角柱

（　　　　　　　）

(2) 底面が 1 辺 $4\,\mathrm{cm}$ の正方形で，高さが $6\,\mathrm{cm}$ である正四角錐

（　　　　　　　）

(3) 底面が半径 $5\,\mathrm{cm}$ の円，高さが $8\,\mathrm{cm}$ である円柱

（　　　　　　　）

(4) 底面が半径 $3\,\mathrm{cm}$ の円，高さが $9\,\mathrm{cm}$ である円錐

（　　　　　　　）

5 底面が半径 $5\,\mathrm{cm}$ の円，高さが $8\,\mathrm{cm}$ である円柱の表面積を求めなさい。

（　　　　　　　）

6 右の円錐の展開図について，次の問いに答えなさい。

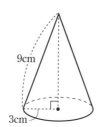

(1) 側面になるおうぎ形の弧の長さを求めなさい。

（　　　　　　）

(2) 側面になるおうぎ形の面積を求めなさい。

（　　　　　　　）

(3) 側面になるおうぎ形の中心角を求めなさい。

（　　　　　　　）

7 半径 $6\,\mathrm{cm}$ の球の体積と表面積を求めなさい。

体積（　　　　　　）　表面積（　　　　　　）

■ 立体の体積と表面積

角柱・円柱の体積
・(体積)＝(底面積)×(高さ)

角錐・円錐の体積
・(体積)＝$\dfrac{1}{3}$×(底面積)×(高さ)

角柱・円柱の表面積
・(表面積)＝(側面積)＋(底面積)×2

よくでる　円柱の表面積

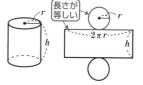

$S=\underbrace{2\pi rh}_{側面積}+\underbrace{2\pi r^2}_{底面積}$ ← 2つある。

角錐・円錐の表面積
・(表面積)＝(側面積)＋(底面積)

よくでる　円錐の表面積

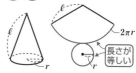

$S=\dfrac{1}{2}\times 2\pi r\times \ell+\pi r^2$

$=\underbrace{\pi \ell r}_{側面積}+\underbrace{\pi r^2}_{底面積}$

知っトク　側面のおうぎ形の中心角
おうぎ形の中心角は，弧の長さに比例する。
上の図の円錐の側面のおうぎ形の中心角は，

$360°\times\dfrac{2\pi r}{2\pi \ell}$ ← 底面の円周
　　　　　　　← 母線を半径とで求められる。　する円の円周

球
・(体積)＝$\dfrac{4}{3}\pi r^3$
・(表面積)＝$4\pi r^2$

1 日目
2 日目
3 日目
4 日目
5 日目
6 日目
7 日目
8 日目
9 日目
10 日目
11 日目
12 日目
13 日目
14 日目

空間図形

基礎力確認テスト

解答 ➜ 別冊解答 10 ページ

1 右の図は，直方体である。

辺 AB と平行な辺をすべて答えなさい。〈福島〉[10点]

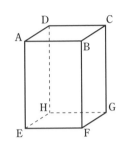

（　　　　　　　　　　　　　　　　　　）

2 右の図は，直方体の展開図である。この展開図をもとにして直方体をつくるとき，辺 AB と平行になる面を記号ですべて答えなさい。

〈福井〉[10点]

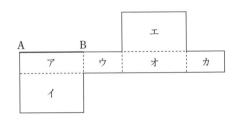

（　　　　　　　　　　　）

3 次のア〜エのうち，空間における平面P，直線ℓ，直線mの位置関係について述べた文として正しいものを１つ選び，記号で答えなさい。〈大阪〉[10点]

　ア　直線ℓと直線mがともに平面P上にあるとき，直線ℓと直線mはつねに交わる。

　イ　直線ℓと直線mがともに平面Pに平行であるとき，直線ℓと直線mはつねに平行である。

　ウ　直線ℓが平面P上にある直線mと垂直に交わっているとき，直線ℓは平面Pにつねに垂直である。

　エ　平面Pと交わる直線ℓが平面P上にある直線mと交わらないとき，直線ℓと直線mはつねにねじれの位置にある。

（　　　　　　　）

4 右の投影図で示された立体の名前を答えなさい。〈佐賀〉[10点]

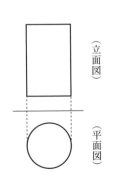

（立面図）

（平面図）

（　　　　　　　　　　　）

5 右の①～④はそれぞれ，同じ大きさの立方体を4つ合わせてつくった1つの立体を図に表したものである。①～④の中で，表面積が最も小さいものを番号で答えなさい。〈広島〉[10点]

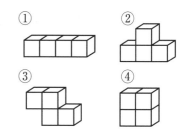

(　　　　　　)

6 右の図のように，AE＝2cm，EF＝5cm，FG＝4cmの直方体の一部を切り取ってできた，色をつけた三角柱の体積を求めなさい。〈佐賀〉[10点]

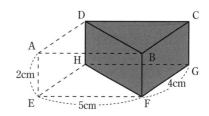

(　　　　　　)

7 右の図のような，底面が1辺6cmの正方形で，側面が高さ8cmの二等辺三角形である正四角錐がある。この正四角錐の表面積を求めなさい。〈栃木〉[10点]

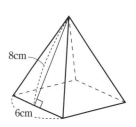

(　　　　　　)

8 右の図は，AB＝4cm，BC＝2cmの長方形ABCDで，辺CD上に点Eを，CE＝3cmとなるようにとったものである。線分CDを延長した直線ℓを軸として，色をつけた部分（■■）を1回転させてできる立体の体積を求めなさい。〈鹿児島〉[15点]

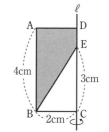

(　　　　　　)

9 右の図のように，半径3cmの球と，底面の半径が4cmの円錐がある。これら2つの立体の体積が等しいとき，円錐の高さを求めなさい。

〈佐賀〉[15点]

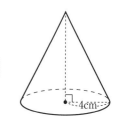

(　　　　　　)

基礎問題

解答 ➡ 別冊解答 11 ページ

■ 相似な図形

1 右の図で，△ABC∽△DEF であるとき，次の問いに答えなさい。

(1) △ABC と△DEF の相似比を求めなさい。　（　　　　　　　）

(2) 辺 BC，DF の長さをそれぞれ求めなさい。

辺 BC（　　　　　　　）　辺 DF（　　　　　　　）

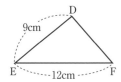

■ 三角形の相似条件

2 右の図のように，△ABC の辺 BC 上に∠DAB＝∠ACB となる点 D をとるとき，次の問いに答えなさい。

(1) △ABC∽△DBA となることを次のように証明した。（　）にあてはまるものを書き入れなさい。

（証明）　△ABC と△DBA で，

仮定から，　　∠ACB＝∠（⑦　　　　　　　）　…①

共通だから，　∠ABC＝∠DBA　　　　　　　…②

①，②から，（⑦　　　　　　　）がそれぞれ等しいので，△ABC∽△DBA

(2) AB＝4 cm，BD＝2 cm のとき，DC の長さを求めなさい。

（　　　　　　　）

■ 相似な図形

相似な図形の性質

・対応する線分の長さの比はすべて等しい。（この比を，相似比という。）

・対応する角の大きさはそれぞれ等しい。

1(2)　辺 BC と対応する辺は辺 EF で，BC：EF が相似比と等しいことから比例式をつくって求める。

■ 三角形の相似条件

①3組の辺の比がすべて等しい。

$a：a'＝b：b'＝c：c'$

②2組の辺の比とその間の角がそれぞれ等しい。

$a：a'＝c：c'$，∠B＝∠B'

③2組の角がそれぞれ等しい。

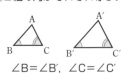

∠B＝∠B'，∠C＝∠C'

知っトク 三角形の相似条件

2つの三角形の相似を証明するとき，辺の長さがわからないときは，2組の三角形の相似条件は，「2組の角がそれぞれ等しい」

2(2)　まず，BC の長さを考える。

■ 中点連結定理

❸ 右の図で，辺 AB，AC の中点を
それぞれ D，E とし，BE と CD と
の交点を F とする。BC = 8 cm，
BE = 6 cm のとき，次の問いに答
えなさい。

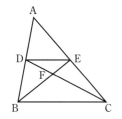

(1) DE の長さを求めなさい。

(   )

(2) EF の長さを求めなさい。

(   )

■ 平行線と比

❹ 次の図で，ℓ，m，n が平行であるとき，x の値を求
めなさい。

(1)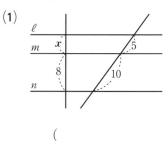

(2)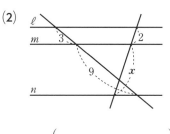

(   )   (   )

■ 相似な図形の面積と体積

❺ 右の図で，DE∥BC とするとき，
次の問いに答えなさい。

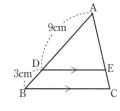

(1) △ABC と△ADE の相似比を答え
なさい。

(   )

(2) △ABC と△ADE の面積比を求めなさい。

(   )

(3) △ADE の面積が 27 cm^2 であるとき，台形 BCED の面
積を求めなさい。

(   )

❻ 2 つの球 P，Q があり，半径の比は 2：5 である。こ
の 2 つの球 P，Q の表面積の比と体積比をそれぞれ求
めなさい。

表面積の比(   )   体積比(   )

---

1 日目
2 日目
3 日目
4 日目
5 日目
6 日目
7 日目
8 日目
9 日目
10 日目
11 日目
12 日目
13 日目
14 日目

■ 中点連結定理

三角形と比

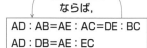

DE∥BC
ならば，

| AD：AB=AE：AC=DE：BC |
| AD：DB=AE：EC |

中点連結定理

△ABC の 辺 AB，
AC の中点をそれ
ぞれ M，N とする
とき，

MN∥BC，MN=$\frac{1}{2}$BC

❸(2) 中点連結定理より，
DE∥BC
三角形と比から，EF の長
さを考える。

■ 平行線と比

右の図で，
直線 ℓ，m，
n が平行で
あるとき，

AB：BC=A'B'：B'C'

❹(2) 右の図
のように，
直線を平行
移動させて
考える。

■ 相似な図形の
面積と体積

相似な平面図形の周と面積
相似比が m：n ならば
周の長さの比 → m：n
面積比 → m^2：n^2
相似な立体の表面積と体積
相似比が m：n ならば
表面積の比 → m^2：n^2
体積比 → m^3：n^3

注意！ 面積比
❺(3) △ADE：台形 BCED
=△ADE：(△ABC−△ADE)

相似な図形

得点
／100点

基礎力確認テスト

解答 ➡ 別冊解答 11 ページ

1 右の図のように，AB = 6，BC = 3，CA = 4 の△ABC がある。∠ABC = ∠ACD となるように線分 CD をひいたとき，線分 CD の長さを求めなさい。〈徳島〉[10点]

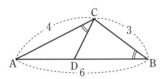

(   )

2 右の図の△ABC で，2点 D，E は辺 BC を3等分した点で，B に近い方から順に D，E とする。また，点 F は辺 AB の中点で，点 G は2つの線分 AE と CF の交点である。このとき，AG の長さを求めなさい。〈岩手〉[10点]

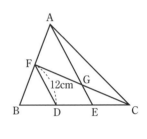

(   )

3 右の図のように，平行な2つの直線 ℓ, m に2直線が交わっている。x の値を求めなさい。〈栃木〉[10点]

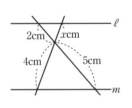

(   )

4 S さんは，近くに完成した高さ634mの新タワーまでの距離を，高さ12.5mの電柱を目印にして求めようと考えた。S さんは，電柱の先端と新タワーの先端が一致して見える位置に立ち，その位置から電柱までの距離を測ったら，ちょうど10mであった。このとき，S さんが立っている位置から新タワーまでの距離は何mかを求めなさい。
ただし，S さんの目の高さを1.5mとする。また，S さん，電柱，新タワーは，同じ平面上に垂直に立っており，それぞれの幅や厚みは考えないものとする。〈埼玉〉[10点]

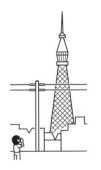

(   )

5 右の図のように，AB＝10cm の△ABC がある。線分 AB 上に AD：DB＝3：2 となる点 D をとり，線分 BC 上に中点 E をとると AE＝8cm となった。さらに，線分 AE 上に AF＝$\dfrac{24}{5}$ cm となる点 F をとる。このとき，次の問いに答えなさい。〈佐賀〉[12点×3]

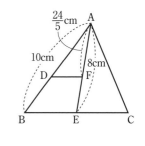

(1) 線分 AD の長さを求めなさい。

(   )

(2) △ABE∽△ADF であることを証明しなさい。

（証明）

(3) △ABE の面積を S_1，△ADF の面積を S_2 とするとき，$S_1：S_2$ を最も簡単な整数の比で表しなさい。

(   )

6 右の図のように，円錐 P の母線 OA 上に OB：BA＝3：2 となる点 B がある。立体 K は，円錐 P を，点 B を通り底面に平行な平面で切り，上部の小さい円錐 Q を取り除いたものである。このとき，次の問いに答えなさい。〈三重〉[12点×2]

(1) 立体 K の体積は，円錐 P の体積の何倍になるか，求めなさい。

(   )

(2) 点 B を通り底面に平行な平面で切った切り口の円の半径が 3 cm，線分 AB の長さが 8 cm のとき，立体 K の表面積を求めなさい。

(   )

基 礎 問 題

解答 ➜ 別冊解答 12 ページ

■ 円周角の定理

1 次の図で，∠x，∠y の大きさを求めなさい。

(1)

(2)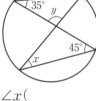

∠x（　　　　　　）　　　　∠x（　　　　　　）

∠y（　　　　　　）　　　　∠y（　　　　　　）

(3)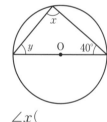

(4)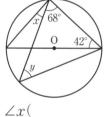

∠x（　　　　　　）　　　　∠x（　　　　　　）

∠y（　　　　　　）　　　　∠y（　　　　　　）

■ 円周角の定理の逆

2 右の図で，∠x の大きさを求めな
さい。

（　　　　　　　　）

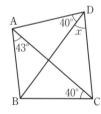

3 右の図で，∠APB = 90° と
いう条件をみたしながら動
く点 P は，どんな線をえが
きますか。

（　　　　　　　　　　　）

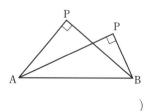

■ 円周角の定理

円周角の定理
1つの弧に対
する円周角の
大きさは一定
で，その弧に
対する中心角
の半分である。

$$\angle APB = \frac{1}{2}\angle AOB$$

円周角と弧
① 等しい円周角
　に対する弧は
　等しい。
② 等しい弧に対
　する円周角は
　等しい。

直径と円周角
線分 AB を直
径とする円の
周上に A，B
と異なる点 P
をとれば，
∠APB = 90°

■ 円周角の定理の逆

円周角の定理の逆
4点 A，B，P，Q について，P，
Q が直線 AB の同じ側にあって，
　　∠APB = ∠AQB
ならば，この
4点は1つの
円周上にある。

■ 円の接線

4 右の図で，∠TPS＝40°
のとき，∠x，∠yの大き
さを求めなさい。ただし，
PT，PSは円Oの接線で，
点T，Sは接点である。

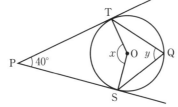

∠x（　　　　　　　　　）　∠y（　　　　　　　　　）

5 右の図のように，ABを
直径とする半円Oがあり，
∠CAB＝90°，
∠DBA＝90°である。
また，CDは点Pで半円
Oと接している。AC＝4 cm，BD＝9 cm のとき，CD
の長さを求めなさい。

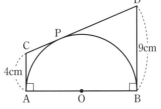

（　　　　　　　　　）

■ 円と相似

6 右の図のように，4つの点A，B，
C，Dが円周上にあり，ACと
BDの交点をEとする。
$\overarc{BA}=\overarc{BC}$であるとき，
△BCD∽△AEDであることを
次のように証明した。（ ）にあてはまるものを書き入
れなさい。

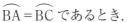

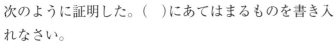

（証明）　△BCDと△AEDで，
$\overarc{CD}$の円周角だから，

∠CBD＝∠（㋐　　　　　　　　）　…①

$\overarc{BA}=\overarc{BC}$から，

∠BDC＝∠（㋑　　　　　　　　）　…②

①，②から，（㋒　　　　　　　　　　　）がそれぞれ

等しいので，△BCD∽△AED

1 日目
2 日目
3 日目
4 日目
5 日目
6 日目
7 日目
8 日目
9 日目
10 日目
11 日目
12 日目
13 日目
14 日目

■ 円の接線

接線の性質
円の接線は，その
接点を通る半径に
垂直である。

接点　接線

4 接線と半径のつくる角，四
角形PSOTの内角の和を考
える。

円外の1点からの接線
円外の1点から，その円にひい
た2つの接線の長さは等しい。

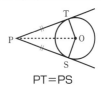

PT＝PS

円外の1点からの接線の作図

線分POを直径とする円と円O
の交点が接点になる。

■ 円と相似

知っトク 円と相似な図形

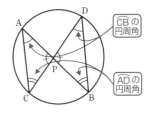

CBの円周角
ADの円周角

2本の弦AB，CDが点Pで交
わるとき，△ACP∽△DBP
→ PA：PD＝PC：PB

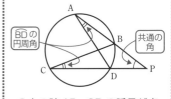

BDの円周角
共通の角

2本の弦AB，CDの延長が点
Pで交わるとき，
△APD∽△CPB

得点

／100点

基礎力確認テスト

解答 ➡ 別冊解答 12 ページ

1 次の図で，∠x の大きさを求めなさい。[10点×4]

(1) 〈佐賀〉

(2) 〈長崎〉

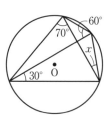

(　　　　)　　　　(　　　　)

(3) 〈新潟〉

(4) 〈栃木〉

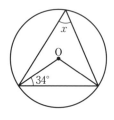

(　　　　)　　　　(　　　　)

2 右の図のように，円 O の円周上に 4 つの点 A，B，C，D があり，線分 AC は円 O の直径である。∠BOC = 72°，$\overset{\frown}{CD}$ の長さが $\overset{\frown}{BC}$ の $\dfrac{4}{3}$ 倍であるとき，∠x の大きさを答えなさい。ただし，$\overset{\frown}{BC}$，$\overset{\frown}{CD}$ はいずれも小さいほうの弧とする。

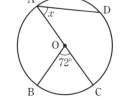

〈新潟〉[10点]

(　　　　)

3 右の図の円において，3 点 A，B，C は円周上，点 D は円の外部，点 E は円の内部にそれぞれあるとき，∠x，∠y，∠z の大きさを小さい順に左から並べたものを次の**ア**〜**エ**のうちから選び，記号で答えなさい。〈沖縄〉[10点]

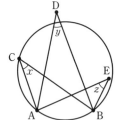

ア ∠y，∠x，∠z

イ ∠y，∠z，∠x

ウ ∠z，∠x，∠y

エ ∠z，∠y，∠x

(　　　　)

4 右の図のように，3点 A，B，C が円周上にあり，2直線 PA，PB はともに円の接線である。∠APB＝50° のとき，∠x の大きさを求めなさい。〈鹿児島〉[10点]

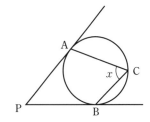

（　　　　　　　　　　）

5 右の図のように，2点 A，B と直線 ℓ がある。2点 A，B を通る直線より上側にあって，△OAB が正三角形となる点 O を右の図に作図しなさい。さらに，直線 ℓ 上にあって，∠APB＝30° となる点 P を1つ，右の図に作図しなさい。ただし，作図に用いた線は消さずに残しておくこと。〈愛媛〉[10点]

6 右の図のような線分 AB を直径とし点 O を中心とする半円 O がある。弧 AB 上に点 C，弧 AC 上に点 D をとり，線分 BD と2つの線分 OC，AC の交点をそれぞれ P，Q とする。このとき，次の問いに答えなさい。〈栃木〉[10点×2]

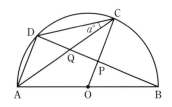

(1) ∠ACD＝a° とするとき，∠BAD の大きさを a を用いて表しなさい。

（　　　　　　　　　　）

(2) △PQC∽△PCD を証明しなさい。
（証明）

三平方の定理

基礎問題

解答 ➡ 別冊解答 13 ページ

■ 三平方の定理

1 次の図で，x の値を求めなさい。

(1)
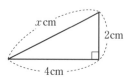

(2)
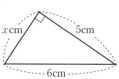

(　　　　　　　)　　　(　　　　　　　)

(3)
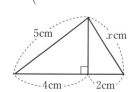

(　　　　　　　)

■ 三平方の定理の逆

2 次の長さを3辺とする三角形のうち，直角三角形はどれですか。すべて選び，記号で答えなさい。

ア　4 cm，6 cm，7 cm　　イ　5 cm，12 cm，13 cm
ウ　2 cm，3 cm，$\sqrt{5}$ cm　　エ　$\sqrt{3}$ cm，2 cm，$\sqrt{7}$ cm

(　　　　　　　)

■ 特別な直角三角形の3辺の比

3 次の図で，x，y の値を求めなさい。

(1)
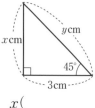

(2)
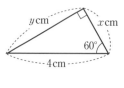

x(　　　　　　)　　　x(　　　　　　)

y(　　　　　　)　　　y(　　　　　　)

■ 三平方の定理

三平方の定理
直角三角形の直角をはさむ2辺の長さを a，b，斜辺の長さを c とすると次の関係が成り立つ。
$$a^2 + b^2 = c^2$$

■ 三平方の定理の逆

三平方の定理の逆
三角形の3辺の長さ a，b，c の間に $a^2 + b^2 = c^2$ という関係が成り立てば，その三角形は，長さ c の辺を斜辺とする直角三角形である。

注意! 直角三角形の斜辺
直角三角形の3つの辺で，最も長い辺が斜辺である。

2 ウ　$2 < \sqrt{5} < 3$ であることに注意する。

■ 特別な直角三角形の3辺の比

直角二等辺三角形

1：1：$\sqrt{2}$

30°，60°，90° の直角三角形

2：1：$\sqrt{3}$

三平方の定理の利用

4 次の三角形の面積を求めなさい。

(1)

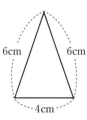

6cm　6cm

4cm

(2)

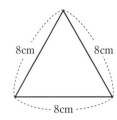

8cm　8cm

8cm

(　　　　　　　)　　　(　　　　　　　　)

5 2点 A(1, 3)，B(4, −2)の間の距離を求めなさい。

(　　　　　　　)

6 半径 8 cm の円 O で，中心から
の距離が 3 cm である弦 AB の
長さを求めなさい。

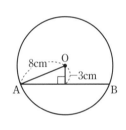

8cm　O
　　　　3cm
A　　　　　　B

(　　　　　　　)

7 右の直方体の対角線の長さを
求めなさい。

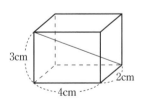

3cm

2cm

4cm

(　　　　　　　)

8 底面の半径が 3 cm，母線の長さが
9 cm である円錐の高さと体積を求
めなさい。

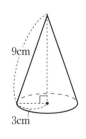

9cm

3cm

高さ(　　　　　　　)

体積(　　　　　　　)

1
日目

2
日目

3
日目

4
日目

5
日目

6
日目

7
日目

8
日目

9
日目

10
日目

11
日目

12
日目

13
日目

14
日目

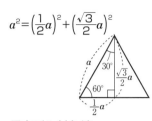
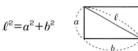
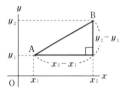

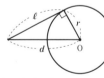

三平方の定理

得点　　／100点

基礎力確認テスト

解答➡別冊解答13ページ

1 右の図のように，△ABC の辺 BC 上に点 D があり，∠CAD＝30°，AD⊥BC である。AB＝3 cm，AC＝2 cm のとき，辺 BC の長さを求めなさい。〈広島〉[8点]

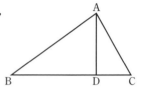

（　　　　　　　　　）

2 右の図のような，∠ABC＝90° である直角三角形 ABC について，AB＝5 cm，AC＝7 cm のとき，△ABC の面積を求めなさい。

〈佐賀〉[8点]

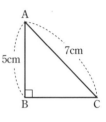

（　　　　　　　　　）

3 右の図で，円 P，Q は直線 ℓ にそれぞれ点 A，B で接している。円 P，Q の半径がそれぞれ 4 cm，2 cm で，PQ＝5 cm のとき，線分 AB の長さは何 cm か，求めなさい。ただし，答えは根号をつけたままでよい。〈愛知〉[8点]

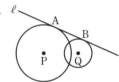

（　　　　　　　　　）

4 右の図のような，AE＝2 cm，EF＝5 cm，FG＝3 cm の直方体 ABCD－EFGH がある。この直方体の対角線 AG の長さを求めなさい。〈栃木〉[8点]

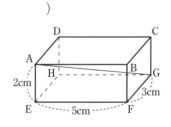

（　　　　　　　　　）

5 展開図が右の図のような円錐がある。底面の円の半径が 2 cm のとき，円錐の高さを求めなさい。〈鹿児島〉[8点]

（　　　　　　　　　）

6 2点 A(4, 3), B(2, −2)の間の距離を求めなさい。ただし, 原点をOとし, 原点O から点(1, 0)までの距離および原点Oから点(0, 1)までの距離を 1 cm とする。

〈神奈川〉[8点]

(　　　　　　)

7 右の図のような, 底面が正方形で側面がすべて正三角形 の正四角錐 ABCDE がある。底面積が 72 cm² であるとき, この正四角錐の体積を求めなさい。〈栃木〉[9点]

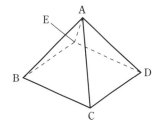

(　　　　　　)

8 図1のように, AB = 6 cm, AE = 2 cm, EH = 4 cm の直方体があり, 頂点 A から頂点 G まで, 黒いひもを辺EF に交わるようにかける。黒いひもの長さが最も短くなるとき, 黒いひもと辺 EF が交わる点を P とする。〈佐賀〉[8点×2]

(1) 黒いひもが通る線を, 直方体の展開図(図2) に図示しなさい。

(2) 黒いひもの長さを求め なさい。

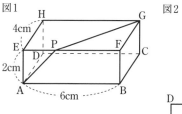
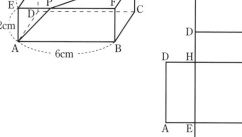

(　　　　　)

9 右の図のように, 立方体の4つの頂点 A, B, C, D を結んで できる立体 K がある。辺 AD の長さが 6 cm のとき, 次の問い に答えなさい。〈三重〉[9点×3]

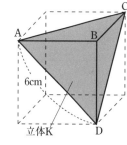

(1) 辺 AB の長さを求めなさい。

(　　　　　　)

(2) △ACD の面積を求めなさい。

(　　　　　　)

(3) 面 ACD を底面としたときの立体 K の高さを求めなさい。

(　　　　　　)

確率

基 礎 問 題

解答 ➜ 別冊解答 14 ページ

■ 確率の求め方

1 次の問いに答えなさい。

(1) 1 から 6 までの自然数で，素数はいくつありますか。

（　　　　　　　　）

(2) 1 つのさいころを投げるとき，出た目の数が素数になる確率を求めなさい。

（　　　　　　　　）

2 1，2，3 の数字が 1 枚に 1 つずつ書かれた 3 枚のカードがある。このカードをよくきってから 1 枚ずつ 2 回続けてひき，ひいた順にカードを並べて，2 けたの整数をつくるとき，次の問いに答えなさい。

(1) 2 けたの整数は何通りできますか。

（　　　　　　　　）

(2) 2 けたの整数が 23 以上になる確率を求めなさい。

（　　　　　　　　）

3 3 枚の硬貨を投げるときの表，裏の出方について，次の問いに答えなさい。

(1) 表を○，裏を×として，起こり得る場合を樹形図をかいて調べた。右の樹形図を完成させなさい。

硬貨1　硬貨2　硬貨3

(2) 表が 2 枚，裏が 1 枚になる確率を求めなさい。

（　　　　　　　）

■ 確率の求め方

確率
あることがらが起こると期待される程度を表す数。

同様に確からしい
さいころの目の出方は 1 から 6 まであり，どの目が出ることも同じ程度に期待できる。このようなとき，どの結果が起こることも同様に確からしいという。

確率の求め方
起こりうる場合が全部で n 通りあり，どの場合が起こることも同様に確からしいとする。そのうち，ことがら A の起こる場合が a 通りあるとき，ことがら A の起こる確率を p とすると，

$$p = \frac{a}{n}$$

注意！ 確率 p の範囲 → $0 \leqq p \leqq 1$
　かならず起こる確率は 1
　決して起こらない確率は 0

場合の数の調べ方
起こりうるすべての場合の数や求める場合の数を調べるとき，樹形図や表を活用するとよい。

例　A，B，C の 3 つの文字を並べるとき，A が 2 番目になる確率

$$A <^{B-C}_{C-B} \quad B <^{A-C}_{C-A}$$

$$C <^{A-B}_{B-A}$$

樹形図をかくと上の図のようになる。全部で 6 通りあり，A が 2 番目になるのは 2 通りあるから，

求める確率は，$\dfrac{2}{6} = \dfrac{1}{3}$

■ 確率

4 A，B，C，D の 4 人から，くじびきで 2 人の係を選ぶとき，A が選ばれる確率を求めなさい。

（　　　　　　　）

5 A，B，C，D の 4 人から，くじびきで班長と副班長を 1 人ずつ選ぶとき，A が班長に選ばれる確率を求めなさい。

（　　　　　　　）

6 大小 2 つのさいころを投げるとき，次の確率を求めなさい。

(1) 出た目の数の和が 7 になる確率

（　　　　　　　）

(2) 出た目の数がともに奇数になる確率

（　　　　　　　）

(3) 出た目の数が，少なくとも 1 つは偶数である確率

（　　　　　　　）

7 5 本のうちあたりが 2 本入っているくじがある。このくじを同時に 2 本ひくとき，次の確率を求めなさい。

(1) 2 本ともあたりである確率

（　　　　　　　）

(2) 1 本があたりでもう 1 本がはずれである確率

（　　　　　　　）

■ 確率

よくでる 起こらない確率

ことがら A の起こる確率を p とすると，

（A の起こらない確率）$=1-p$

くわしく 少なくとも～

3 枚の硬貨を投げるとき，少なくとも 1 枚が表になる確率

少なくとも 1 枚が表は，
・1 枚だけ表の場合
・2 枚だけ表の場合
・3 枚とも表の場合
のすべてをふくむ。
これは「3 枚とも裏になる」が起こらない場合である。
したがって，
1−（3 枚とも裏になる確率）
で求められる。

注意！ もれなく重複なく数える
A と B の 2 人を選ぶとき，「A と B」，「B と A」が同じであるか確認しよう。

4 A と B，B と A の 2 人を選ぶことは，同じである。

5 「班長－副班長」とすると，「A－B」，「B－A」は異なる。

6 大小 2 つのさいころの出る目は，全部で，6×6＝36（通り）表をかくとわかりやすくなる。

例　出た目の数の和が 5 になるのは，下の表の○印の 4 通り。

大\小	1	2	3	4	5	6
1				○		
2			○			
3		○				
4	○					
5						
6						

(3) 「2 つとも奇数」が起こらなければよい。(2)の結果を利用するとよい。

7 くじを 1 本ずつ区別して考える。
例えば，あたりくじを A，B，はずれくじを c，d，e として，樹形図をかく。

確率

基礎力確認テスト

解答 ➡ 別冊解答 14 ページ

1 4枚のカード 1, 2, 3, 4 をよくきって，1枚カードを取り出し，そのカードをもどさずに，続けてもう1枚カードを取り出す。1枚目のカードの数を十の位の数，2枚目のカードの数を一の位の数として，2けたの整数をつくる。このとき，できた整数が3の倍数である確率を求めなさい。〈大分〉[10点]

（　　　　　　）

2 A，B，Cの3人の女子と，D，Eの2人の男子がいる。この5人のなかから，くじびきで2人を選ぶとき，女子1人，男子1人が選ばれる確率を求めなさい。〈岩手〉[10点]

（　　　　　　）

3 1から6までの目がある大小2個のさいころを同時に1回投げる。ただし，それぞれのさいころについて，どの目が出ることも同様に確からしいものとする。

〈福島〉[5点×2]

(1) 出た目の数の和が7となる場合は何通りあるか，求めなさい。

（　　　　　　）

(2) 出た目の数の和が素数となる確率を求めなさい。

（　　　　　　）

4 100円，50円，10円の硬貨が1枚ずつある。この3枚の硬貨を同時に投げ，表が出た硬貨の合計金額を得点とする。このとき，次の問いに答えなさい。〈佐賀〉[5点×3]

(1) 表裏の出かたは全部で何通りあるか，求めなさい。

（　　　　　　）

(2) 得点が160点となる確率を求めなさい。

（　　　　　　）

(3) 得点が50点以下となる確率を求めなさい。

（　　　　　　）

5 二つの箱 A，B があり，箱 A には奇数の書いてある 4 枚のカード $\boxed{1}$，$\boxed{3}$，$\boxed{5}$，$\boxed{7}$ が入っており，箱 B には偶数の書いてある 4 枚のカード $\boxed{2}$，$\boxed{4}$，$\boxed{6}$，$\boxed{8}$ が入っている。A，B それぞれの箱から同時に 1 枚のカードを取り出すとき，箱 A から取り出したカードに書いてある数と箱 B から取り出したカードに書いてある数の積が 25 より大きくなる確率を求めなさい。〈大阪〉[10点]

(　　　　　　　　)

6 赤玉 2 個，白玉 2 個，青玉 1 個が入った袋がある。この袋から玉を 1 個取り出して色を調べ，それを袋にもどしてから，また，玉を 1 個取り出して色を調べる。1 回目と 2 回目に取り出した玉の色が異なる確率を求めなさい。〈愛知〉[15点]

(　　　　　　　　)

7 6 本のうち，あたりが 2 本入っているくじがある。このくじを，同時に 2 本ひくとき，少なくとも 1 本があたりである確率を求めなさい。〈徳島〉[15点]

(　　　　　　　　)

8 図 1 のような正五角形 ABCDE があり，点 P は，頂点 A の位置にある。1 個のさいころを 2 回投げて，次の**規則**に従って P を移動させる。

規則

1 回目は，出た目の数だけ正五角形の頂点上を反時計回りに移動させる。
2 回目は，1 回目に止まった頂点から，出た目の数だけ時計回りに移動させる。

例えば，1 回目に 3 の目が出て，2 回目に 2 の目が出たとすると，P は図 2 のように動き，頂点 B に移動する。
この**規則**に従って P を移動させるとき，P の最後の位置が A である確率を求めなさい。〈和歌山〉[15点]

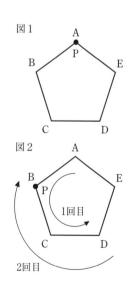

図1

図2

1回目

2回目

(　　　　　　　　)

基礎問題

解答 ➡ 別冊解答 15 ページ

■ データの活用

1 次の表は，あるクラス 20 人の通学時間について調べ，度数分布表にまとめたものである。

階級(分)	度数(人)	相対度数	累積相対度数
以上　　未満			
0 ～ 10	1	0.05	0.05
10 ～ 20	ア	0.10	0.15
20 ～ 30	6	イ	0.45
30 ～ 40	7	0.35	ウ
40 ～ 50	4	0.20	1.00
計	20	1.00	

(1) 上の表の**ア**，**イ**，**ウ**にあてはまる数を答えなさい。

ア（　　　　　　　）

イ（　　　　　　　）

ウ（　　　　　　　）

(2) 最頻値を求めなさい。

（　　　　　　　）

(3) 中央値がふくまれる階級を答えなさい。

（　　　　　　　）

(4) 平均値を求めなさい。

（　　　　　　　）

■ データの活用

相対度数

$$(相対度数)=\frac{(その階級の度数)}{(度数の合計)}$$

累積度数…最初の階級からある階級までの度数を合計したもの。

累積相対度数…最初の階級からある階級までの相対度数を合計したもの。

範囲と代表値

範囲…最大値から最小値をひいた値。

階級値…それぞれの階級のまん中の値。

代表値…データを代表する値。

・中央値（メジアン）…データを大きさの順に並べたときの中央に位置する値。

注意! データが偶数個のとき中央の2つの値の平均値を中央値とする。

・最頻値（モード）…データの中で最も多く現れる値。度数分布表では，度数の最も多い階級の階級値。

・平均値…すべてのデータの値の合計をデータの総数でわったもの。

注意! 度数分布表から求める場合

$$(平均値)=\frac{\{(階級値×度数)の合計\}}{(度数の合計)}$$

■ 四分位範囲と箱ひげ図

2 次のデータは, ある中学校の男子生徒 15 人の握力 (kg) を調べ, 小さい順に並べたものである。

> 22, 23, 26, 27, 27, 28, 30, 31,
> 31, 33, 34, 35, 37, 39, 42

このデータにあてはまる箱ひげ図を, 次の**ア〜ウ**の中から選び, 記号で答えなさい。

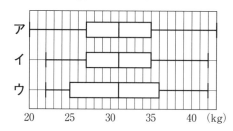

(   )

■ 標本調査の利用

3 ある工場でつくられている製品 A を無作為に 400 個取り出して調べたら, 2 個が不良品であった。このとき, 次の問いに答えなさい。

(1) 不良品の割合を求めなさい。

(   )

(2) この工場で 1 万個の製品 A をつくるとき, このうち不良品はおよそ何個と推測できますか。

(   )

4 B 池にいる魚の数を調べるため, この池から 100 匹の魚を捕まえ, 印をつけて池に返した。数日後, 120 匹の魚を捕まえると, 印のついた魚が 5 匹混じっていた。この池の魚は全部でおよそ何匹と推測できますか。

(   )

1 日目
2 日目
3 日目
4 日目
5 日目
6 日目
7 日目
8 日目
9 日目
10 日目
11 日目
12 日目
13 日目
14 日目

■ 四分位範囲と箱ひげ図

四分位数…すべてのデータを小さい順に並べ, 四等分したときの3つの区切りの値。
・第1四分位数…値の小さい方の半分のデータの中央値。
・第2四分位数…中央値。
・第3四分位数…値の大きい方の半分のデータの中央値。
四分位範囲…第3四分位数から第1四分位数をひいた値。
箱ひげ図…データの分布の様子を, 長方形の箱とひげを用いて1つの図に表したもの。

四分位範囲は, データの中に, はなれた値があっても影響を受けにくい。

■ 標本調査の利用

全数調査
集団全部について調査すること。

標本調査
集団の傾向を調べるため, 集団の一部分を調査すること。
・母集団…集団全体。
・標本…母集団の一部分として, 実際に調べたもの。
・標本の大きさ…取り出したデータの個数。

標本調査の利用
標本調査を行った結果の傾向は, 母集団でもほぼ同じと考えられることから, 標本の性質から母集団の性質を推測する。

くわしく 標本調査の流れ
①母集団から標本を取り出す。
②取り出した標本の性質を調べる。
③調べた結果から, 母集団の性質を推測する。

得点

／100点

基礎力確認テスト

解答 ➡ 別冊解答 15 ページ

1 右の表は，マンゴー 30 個について，それぞれの重さ
をはかり，その結果を度数分布表に整理したものであ
る。階級 380 g 以上 390 g 未満の相対度数を，四捨五
入して小数第 2 位まで求めなさい。〈宮崎〉[15点]

階級(g)			度数(個)
以上		未満	
350	～	360	1
360	～	370	3
370	～	380	8
380	～	390	7
390	～	400	9
400	～	410	2
計			30

(   )

2 右の図は，ある中学校 3 年生男子 50 人の 50m 走
の記録をヒストグラムに表したものである。
図において，例えば，6.0 から 6.5 の区間は，6.0
秒以上 6.5 秒未満の階級を表したものである。
このとき，最頻値を求めなさい。〈富山〉[10点]

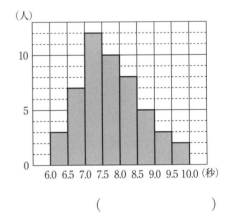

(   )

3 右の表は，あるクラスのハンドボール投げの記録を，
度数分布表に表したものである。このクラスのハンド
ボール投げの記録の平均値を，度数分布表から求めな
さい。〈埼玉〉[15点]

距離(m)			度数(人)
以上		未満	
0	～	10	2
10	～	20	6
20	～	30	7
30	～	40	4
40	～	50	1
合計			20

(   )

4 ある中学校の1年A組25人，B組25人について通学時間を調べた。右の図は，その結果をヒストグラムに表したものであり，A組の平均値は18.0分，B組の平均値は18.8分だった。右の図より，

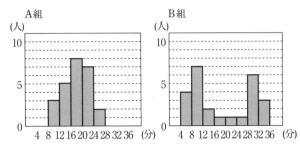

A組，B組の通学時間について，次の**ア**～**エ**から適切なものを1つ選び，記号で答えなさい。〈富山〉[15点]

ア A組もB組も平均値をふくむ階級の度数が最も多い。

イ A組もB組も中央値をふくむ階級の度数が最も多い。

ウ A組はB組より平均値が小さいので，A組の方が通学時間16分未満の生徒が多い。

エ A組はB組より通学時間の分布の範囲が小さい。

(   )

5 次の問いに答えなさい。〈佐賀〉[15点×2]

(1) 次の調査の中で，標本調査をすることが適切なものをa～dの中からすべて選び，記号で答えなさい。

      a   自転車のタイヤの寿命調査   b   国勢調査

      c   学校で行う生徒の健康診断調査   d   あるテレビ番組の視聴率調査

(   )

(2) ある工場で大量に生産される製品の中から，80個を無作為に抽出したところ，そのうち3個が不良品であった。

10000個の製品を生産したとき，発生した不良品はおよそ何個と推測されるか，求めなさい。

(   )

6 箱の中に同じ大きさの白い卓球の球だけがたくさん入っている。この白い球が何個あるか，標本調査を行って推測しようと考えた。そこで，色だけが違うオレンジ色の球200個を箱に入れてよくかき混ぜ，そこから50個を無作為に抽出したところ，オレンジ色の球が4個ふくまれていた。

はじめに箱の中に入っていた白い球の個数を推測しなさい。〈千葉〉[15点]

(   )

得点

／100点

1 次の計算をしなさい。[3点×6]

(1) $5+(-3)\times2$ 〈富山〉

(2) $(-3)^2+5\times2$ 〈沖縄〉

(　　　　　　)　　　　　　　　　(　　　　　　)

(3) $24a^2b\div3ab$ 〈神奈川〉

(4) $3(-3x+y)+2(5x-2y)$ 〈茨城〉

(　　　　　　)　　　　　　　　　(　　　　　　)

(5) $(x+4)^2-(x+7)$ 〈滋賀〉

(6) $\sqrt{48}-\sqrt{27}+5\sqrt{3}$ 〈千葉〉

(　　　　　　)　　　　　　　　　(　　　　　　)

2 次の問いに答えなさい。[4点×4]

(1) 等式 $m=\dfrac{2a+b}{3}$ を，b について解きなさい。〈富山〉

(　　　　　　　　　　)

(2) 連立方程式 $\begin{cases}2x+3y=7\\3x-y=-6\end{cases}$ を解きなさい。〈福島〉

(　　　　　　　　　　)

(3) $x^2-8x-20$ を因数分解しなさい。〈大阪〉

(　　　　　　　　　　)

(4) 正十二角形の1つの内角の大きさを求めなさい。〈高知〉

(　　　　　　　　　　)

3 Nさんは，充電式電池と乾電池を使用するときにかかる費用について考えている。次の文中の${}^{①}[\quad]$から適切なものを1つ選び，記号で答えなさい。また，$\boxed{②}$に入れるのに適している数を答えなさい。〈大阪〉[3点×2]

充電式電池と充電器　乾電池

> 充電式電池1本を1回充電するのにかかる電気代を0.2円であるとすると，1本270円の充電式電池1本の代金と1台2700円の充電器1台の代金と充電式電池1本をa回充電するときの電気代とを合わせた金額は，${}^{①}[$　ア　$0.2a+2970$　　イ　$270.2a+2700$　ウ　$2970a+0.2$　$]$円であり，1本20円の乾電池a本の代金$20a$円と等しくなるのはaの値が$\boxed{②}$のときである。

①(　　　　　　　　　　　)　②(　　　　　　　　　　)

4 あつ子さんは午前9時に自宅を出発し，自宅から一直線で3000m離れた優子さんの家に分速60mの速さで歩いて向かった。優子さんの家で用事をすませた後，行きと同じ道を同じ速さで自宅に向かい，午前11時30分に帰宅した。あつ子さんが自宅を出発してからx分後におけるあつ子さんと自宅との距離をymとする。〈沖縄〉[4点×4]

(1) あつ子さんが優子さんの家に着いたのは，午前何時何分か求めなさい。

(　　　　　　　　　　　)

(2) 右の図に，あつ子さんが自宅を出発してから帰宅するまでのxとyの関係を表したグラフをかきなさい。

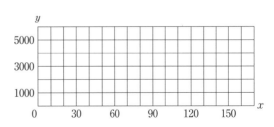

(3) あつ子さんが優子さんの家を出発してから自宅に着くまでを考える。

① このときのxの変域を求めなさい。

(　　　　　　　　　　　)

② xとyの関係について，yをxの式で表しなさい。

(　　　　　　　　　　　)

5 右の図のように，線分 AB，BC がある。
∠ABP＝∠CBP となる点 P のうち，点 C
から最も近い点をコンパスと定規を使って
作図しなさい。ただし，作図するためにか
いた線は，消さないでおきなさい。

〈埼玉〉[4点]

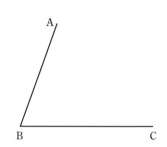

6 次の図で，∠x の大きさを求めなさい。[3点×2]

(1) $\ell \ /\!/ \ m$ 〈茨城〉

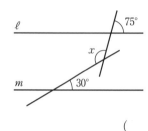

(2) 〈長崎〉

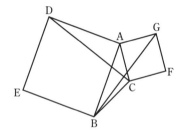

（　　　　　　　）　　　　　　　　　　（　　　　　　　）

7 右の図のように，∠A が鋭角の△ABC の 2 辺 AB，AC を
それぞれ 1 辺とする正方形 ADEB，ACFG を△ABC の外
側につくる。このとき，△ABG≡△ADC であることを証
明しなさい。〈鹿児島〉[6点]

（証明）

8 右の図で，∠BAC＝∠BED のとき，線分 BC の長さを求めなさい。

〈岩手〉[4点]

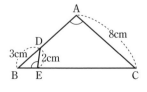

（　　　　　　　）

9 右の図のように，∠ACB＝90°，BC＝4 cm の直角三角形 ABC があり，辺
AB 上に点 D をとると，△DBC が正三角形となった。

このとき，次の問いに答えなさい。〈佐賀〉[4点×2]

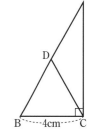

(1) AD の長さを求めなさい。

(　　　　　)

(2) △ADC の面積を求めなさい。

(　　　　　)

10 図1のように，地中に半分以上埋まっている丸太がある。図2のように，この丸太の切り
口は円であり，地上に出ている部分を測ると，高さが9 cm，弦の長さが42 cm であった。
このとき，この丸太の切り口の半径を求めなさい。ただし，丸太の切り口は地面と垂直で
あるものとする。〈千葉〉[4点]

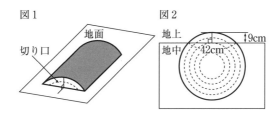

図1　　　　　　　図2

(　　　　　)

11 右の表は，ある陸上競技大会の男子円盤投げ決勝の記録を
度数分布表に表したものである。この度数分布表から記録
の平均値を求めなさい。ただし，小数第2位を四捨五入し
て答えること。〈鹿児島〉[4点]

階級(m)	度数(人)
以上　　未満 60 ～ 64	5
64 ～ 68	6
68 ～ 72	1
計	12

(　　　　　)

12 6本のうち，あたりが2本入っているくじがある。このくじを，A，B の2人がこの順に1
本ずつひくとき，次の問いに答えなさい。ただし，ひいたくじはもとにもどさないものと
する。〈三重〉[4点×2]

(1) A があたりをひく確率を求めなさい。　　　　　　　　　　(　　　　　)

(2) A，B のうち少なくとも1人があたりをひく確率を求めなさい。

(　　　　　)

得点

時間……60分　　　　　　　　　　　　　　　　解答⊃別冊解答18ページ　　　　／100点

1 次の計算をしなさい。[4点×4]

(1)　$(-6)^2 - 4^2 \div 2$　〈京都〉　(2)　$18x^2y \div (-4xy) \times 2y$　〈愛媛〉

(　　　　　　　　)　　　　　　(　　　　　　　　)

(3)　$\dfrac{3x-y}{4} - \dfrac{x+y}{3}$　〈静岡〉　(4)　$\sqrt{45} + \dfrac{30}{\sqrt{5}}$　〈神奈川〉

(　　　　　　　　)　　　　　　(　　　　　　　　)

2 次の問いに答えなさい。[4点×4]

(1)　500円出して，a円の鉛筆5本とb円の消しゴム1個を買うと，おつりがあった。この数量の関係を不等式で表しなさい。〈愛知〉

(　　　　　　　　)

(2)　$(x+1)(x-7)-20$ を因数分解しなさい。〈千葉〉

(　　　　　　　　)

(3)　$6 < \sqrt{n} < 7$ となるような自然数nの個数を求めなさい。〈高知〉

(　　　　　　　　)

(4)　$a = \dfrac{1}{7}$，$b = 19$ のとき，$ab^2 - 81a$ の式の値を求めなさい。〈静岡〉

(　　　　　　　　)

3 ある箱の中に赤球だけがたくさん入っている。赤球と同じ大きさの白球100個をこの箱の中に入れ，よくかき混ぜた後，その中から40個の球を無作為に抽出すると，赤球が35個，白球が5個ふくまれていた。はじめに箱の中に入っていた赤球の個数は，およそ何個と考えられますか。〈長崎〉[5点]

(　　　　　　　　)

4 1～20までの正の整数から3つの数を選び，それぞれA，B，Cとする。BはAより5小さい数であり，CはAの2倍より1小さい数である。

整数Aをxとするとき，次の問いに答えなさい。〈佐賀〉[4点×3]

(1) 整数Bをxを用いて表しなさい。

(　　　　　　　)

(2) 整数Cをxを用いて表しなさい。

(　　　　　　　)

(3) AとBの積がCを3倍したものより25小さいとき，整数A，B，Cをそれぞれ求めなさい。

A(　　　　) 　B(　　　　) 　C(　　　　)

5 図1，図2のように，関数$y=\dfrac{1}{3}x^2$のグラフ上に，2点A，Bがあり，A，Bのx座標はそれぞれ-3，6である。また，y軸上に点C$(0, 13)$がある。原点をOとして，次の問いに答えなさい。〈長崎改〉[4点×4]

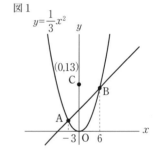

図1

(1) 関数$y=\dfrac{1}{3}x^2$について，xの変域が$-3 \leqq x \leqq 6$のときのyの変域を求めなさい。

(　　　　　　　)

(2) 直線ABの傾きを求めなさい。

(　　　　　　　)

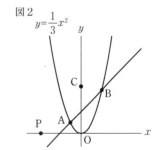

図2

(3) 直線ABに平行で，点Cを通る直線の式を求めなさい。

(　　　　　　　)

(4) 図2のように，x軸上に点Pをとる。△ABCの面積と△ABPの面積が等しくなるときの点Pのx座標を求めなさい。ただし，点Pのx座標は負の数とする。

(　　　　　　　)

6 右の図で，A，B，C，D，E，F は，円周を 6 等分する点である。∠x の大きさを求めなさい。〈福島〉[5点]

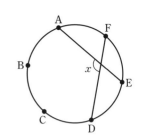

（　　　　　　　　）

7 右の図のように，線分 AB を直径とする円 O がある。円 O の周上に点 A，B と異なる点 C をとり，線分 AC を点 C の方向へ延長し，その延長線上に AD＝AB となるように点 D をとる。線分 BD と円 O の交点のうち，点 B 以外の交点を E とし，点 A と点 E を結ぶ。このとき，次の問いに答えなさい。〈高知〉[5点×2]

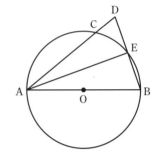

(1) △ABE∽△BDC を証明しなさい。

（証明）

(2) 円 O の半径が 3 cm，BE＝2 cm であるとき，△ABC の面積を求めなさい。

（　　　　　　　　　　）

8 右の図のように，1 辺の長さが 4 cm の立方体 ABCD－EFGH において，辺 GC の延長上に，GC＝CL となるような点 L をとり，線分 LF と辺 BC の交点を M，線分 LH と辺 CD の交点を N とする。また，線分 AC と MN の交点を P とする。〈新潟〉[5点×4]

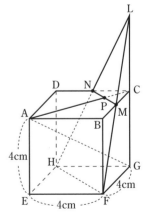

(1) △LNM と△LHF の面積の比を答えなさい。

（　　　　　　　）

(2) 三角錐 LFGH の体積を求めなさい。

（　　　　　　　）

(3) 線分 CP と線分 AG の長さを，それぞれ求めなさい。

CP（　　　　　　　）　AG（　　　　　　　）

中学3年間の総復習 数学 改訂版

とりはずして使用できる！

別 冊 解 答

実力チェック表

「基礎力確認テスト」「総復習テスト」の答え合わせをしたら，自分の得点をぬってみましょう。ニガテな単元がひとめでわかります。得点の見方は，最終ページの「受験合格への道」で確認しましょう。

1日目
数と式の計算

0　10　20　30　40　50　60　70　80　90　100(点)　復習日　　月　　日

2日目
多項式の計算と平方根

0　10　20　30　40　50　60　70　80　90　100(点)　復習日　　月　　日

3日目
方程式・比例式

0　10　20　30　40　50　60　70　80　90　100(点)　復習日　　月　　日

4日目
方程式・比例式の利用

0　10　20　30　40　50　60　70　80　90　100(点)　復習日　　月　　日

5日目
比例と反比例，1次関数

0　10　20　30　40　50　60　70　80　90　100(点)　復習日　　月　　日

6日目
関数 $y=ax^2$，いろいろな関数

0　10　20　30　40　50　60　70　80　90　100(点)　復習日　　月　　日

7日目
平面図形①

0　10　20　30　40　50　60　70　80　90　100(点)　復習日　　月　　日

8日目
平面図形②

0　10　20　30　40　50　60　70　80　90　100(点)　復習日　　月　　日

9日目
空間図形

0　10　20　30　40　50　60　70　80　90　100(点)　復習日　　月　　日

10日目
相似な図形

0　10　20　30　40　50　60　70　80　90　100(点)　復習日　　月　　日

11日目
円

0　10　20　30　40　50　60　70　80　90　100(点)　復習日　　月　　日

12日目
三平方の定理

0　10　20　30　40　50　60　70　80　90　100(点)　復習日　　月　　日

13日目
確率

0　10　20　30　40　50　60　70　80　90　100(点)　復習日　　月　　日

14日目
データの活用，標本調査

0　10　20　30　40　50　60　70　80　90　100(点)　復習日　　月　　日

第1回 総復習テスト

0　10　20　30　40　50　60　70　80　90　100(点)　復習日　　月　　日

第2回 総復習テスト

0　10　20　30　40　50　60　70　80　90　100(点)　復習日　　月　　日

➡得点の見方は最終ページ「受験合格への道」へ

1日目 数と式の計算

基礎問題 解答

→問題2ページ

1 (1) 7 (2) $\dfrac{11}{12}$ (3) -25 (4) 3 (5) 8 (6) -5

2 (1) $\dfrac{9}{100}x\,\text{g}$ (2) $\dfrac{7}{10}a$ 円 **3** (1) $a+5b=600$ (2) $\dfrac{x}{60}<y$

4 (1) $a+10$ (2) $-12x+18$ (3) $-4x-3y$ (4) $\dfrac{a-b}{4}$

5 (1) $-6x^2y$ (2) $12ab$ (3) $-8xy$ (4) $-2x$ **6** (1) -8 (2) 9

7 (1) $y=-\dfrac{2}{3}x-2$ $\left(\text{または, } y=-\dfrac{2x+6}{3}\right)$ (2) $h=\dfrac{2S}{a}$ (3) $b=2m-a$

基礎力確認テスト 解答・解説

→問題4ページ

1 5つ **2** (1) -13 (2) 12 (3) -4 (4) -18

3 (1) $-a+12b$ (2) $7x+12y$ (3) $\dfrac{3}{4}x-4y$ (4) $\dfrac{5a-b}{6}$

4 (1) $9x^3$ (2) $-\dfrac{4}{3}b$ (3) $-10xy$ (4) $3ab^2$ **5** 2 **6** (1) $5a+2b\leqq500$

(2) $b=\dfrac{a-2}{5}$ (3) $b=10a-9c$ **7** 解説参照 **8** $(7n+2)\text{cm}$

---

1 -2, -1, 0, 1, 2 の5つ。

2 (3) （与式）$=\dfrac{16}{7}\times\left(\dfrac{5}{4}-\dfrac{12}{4}\right)$
$=\dfrac{16}{7}\times\left(-\dfrac{7}{4}\right)=-4$

(4) （与式）$=-9-9=-18$

3 (1) （与式）$=2a+6b-3a+6b$
$=-a+12b$

(2) （与式）$=12x+4y-5x+8y$
$=7x+12y$

(3) （与式）$=\dfrac{3}{2}x-6y-\dfrac{3}{4}x+2y$
$=\dfrac{6}{4}x-\dfrac{3}{4}x-6y+2y$
$=\dfrac{3}{4}x-4y$

(4) （与式）$=\dfrac{3(3a-b)-2(2a-b)}{6}$
$=\dfrac{9a-3b-4a+2b}{6}$
$=\dfrac{5a-b}{6}$

4 (1) （与式）$=9x^2\times x=9x^3$

(2) （与式）$=(-2ab^2)\times\dfrac{2}{3ab}=-\dfrac{4}{3}b$

(3) （与式）$=-\dfrac{5x^2y\times8y}{4xy}=-10xy$

(4) （与式）$=\dfrac{9a^2\times2ab^3}{6a^2b}=3ab^2$

5 $5x-7y-4(x-2y)$
$=5x-7y-4x+8y$
$=x+y=8+(-6)=2$

6 (1) （代金の合計）$\leqq500$になる。
代金の合計は, $5a+2b$（円）
よって, $5a+2b\leqq500$

(2) b 人に5個ずつ配ると2個余ることから,
りんごの数は $5b+2$（個）
よって, $5b+2=a$
この等式を b について解くと,
$5b=a-2$
$b=\dfrac{a-2}{5}$

(3) $c=\dfrac{10a-b}{9}$
$9c=10a-b$
$b=10a-9c$

7 （説明）十の位の数を x, 一の位の数を y とすると, もとの整数は $10x+y$, 入れかえた整数は $10y+x$ と表される。入れかえた整数の2倍ともとの整数の和は,
$2(10y+x)+(10x+y)$
$=12x+21y$
$=3(4x+7y)$
$4x+7y$ は整数だから, $3(4x+7y)$ は3の倍数である。したがって, 入れかえた整数の2倍ともとの整数の和は, 3の倍数である。

8 横の長さは, 1枚のとき $9\,\text{cm}$, 2枚目から $7\,\text{cm}$ ずつ長くなるから,
$9+7(n-1)=7n+2$（cm）

2日目 多項式の計算と平方根

基礎問題 解答

→ 問題6ページ

1 (1) $xy-3x+y-3$ (2) $x^2+4x-12$ (3) $x^2-9x+20$ (4) $x^2-16x+64$
(5) $4a^2+12a+9$ (6) a^2-16b^2

2 $13x+10$

3 (1) $3x(x+3)$ (2) $(x+1)(x+6)$ (3) $(x-3)(x+4)$ (4) $(x+3)^2$
(5) $(a+7)(a-7)$ (6) $2(x-2)^2$

4 (1) $3.45≦n<3.55$ (2) $1.20×10^4$

5 (1) $5\sqrt{2}$ (2) $\dfrac{\sqrt{35}}{7}$

6 (1) $5\sqrt{3}$ (2) $-\sqrt{7}$ (3) 0 (4) $-\sqrt{2}$

7 (1) $2\sqrt{3}-6$ (2) $37-20\sqrt{3}$ 8 20

基礎力確認テスト 解答・解説

→ 問題8ページ

1 (1) $x^2+2x-15$ (2) x^2-4x+4 (3) x^2-36 (4) $9x^2+6xy+y^2$

2 (1) $x^2-9x-10$ (2) $4x+17$

3 (1) $(x-2)(x-4)$ (2) $(x-2)(x+6)$ (3) $(2x+5)(2x-5)$ (4) $(x+5)^2$
(5) $y(x-3)(x+7)$ (6) $2(x+3)(x-3)$ (7) $(x+2)(x-9)$ (8) $(x-12)(x+4)$

4 32 5 $3.65≦a<3.75$ 6 $3.0×10^5$km

7 (1) $7\sqrt{3}$ (2) $10\sqrt{6}$ (3) $3\sqrt{3}$ (4) $\sqrt{5}$

8 (1) 2 (2) $-9+6\sqrt{10}$ 9 5 10 (1) 3 (2) 10

---

1 (4) （与式）$=(3x)^2+2×y×3x+y^2$
$=9x^2+6xy+y^2$

2 (1) （与式）$=x^2-3x-10-6x$
$=x^2-9x-10$
(2) （与式）$=x^2-2x+1-(x^2-6x-16)$
$=x^2-2x+1-x^2+6x+16$
$=4x+17$

3 (5) （与式）$=y(x^2+4x-21)$
$=y(x-3)(x+7)$
(6) （与式）$=2(x^2-9)$
$=2(x+3)(x-3)$
(7) （与式）$=x^2-3x-18-4x$
$=x^2-7x-18$
$=(x+2)(x-9)$
(8) $x-5=A$ とおくと，
（与式）$=A^2+2A-63$
$=(A-7)(A+9)$
$=(x-5-7)(x-5+9)$
$=(x-12)(x+4)$

4 $4x^2-y^2=(2x+y)(2x-y)$
$2x+y=4$, $2x-y=8$ より，$4×8=32$

5 小数第2位を四捨五入して3.7になる最も小さい数は3.65

3.75を四捨五入すると3.8になるので，3.65以上3.75未満になる。

6 有効数字が2けたより300000の3と0を小数を使って3.0として，3.0×(10の累乗)の形にする。$300000=3.0×100000=3.0×10^5$

7 (2) （与式）$=7\sqrt{6}+3\sqrt{6}=10\sqrt{6}$
(4) $\dfrac{10}{\sqrt{5}}=\dfrac{10×\sqrt{5}}{\sqrt{5}×\sqrt{5}}=\dfrac{10\sqrt{5}}{5}=2\sqrt{5}$
（与式）$=3\sqrt{5}-4\sqrt{5}+2\sqrt{5}=\sqrt{5}$

8 (2) （与式）
$=(\sqrt{5})^2-\sqrt{5}×\sqrt{2}+7\sqrt{2}×\sqrt{5}-7\sqrt{2}×\sqrt{2}$
$=5-\sqrt{10}+7\sqrt{10}-14$
$=-9+6\sqrt{10}$

9 $x^2-2xy+y^2=(x-y)^2$
$x=\sqrt{5}+3$, $y=3$を代入して，
$(\sqrt{5}+3-3)^2=(\sqrt{5})^2=5$

10 (1) $2=\sqrt{4}$, $3=\sqrt{9}$, $4=\sqrt{16}$ より，$\sqrt{5}<3<\sqrt{13}$
(2) $\sqrt{90n}=3\sqrt{10n}$ より，$10n$がある数の2乗になればよい。このような自然数nの中で，最小のnは10

方程式・比例式

基礎問題 解答

→ 問題 10 ページ

1 (1) $x=5$ (2) $x=-3$ (3) $x=7$ (4) $x=8$ (5) $x=-6$ (6) $x=5$

2 (1) $x=9$ (2) $x=6$ **3** (1) $x=-2,\ y=-9$ (2) $x=2,\ y=-3$

4 (1) $x=4,\ y=7$ (2) $x=-3,\ y=8$ **5** $x=3,\ y=-2$

6 (1) $x=\pm2\sqrt{2}$ (2) $x=2\pm\sqrt{3}$ **7** (1) $x=\dfrac{3\pm\sqrt{5}}{2}$ (2) $x=-1\pm\sqrt{6}$

8 (1) $x=0,\ x=-3$ (2) $x=7$ (3) $x=-4,\ x=-6$ (4) $x=3,\ x=-5$

基礎力確認テスト 解答・解説

→ 問題 12 ページ

1 (1) $x=5$ (2) $x=2$ (3) $x=-2$ (4) $x=8$ **2** (1) $x=10$ (2) $x=15$

3 $a=4$ **4** (1) $x=3,\ y=-5$ (2) $x=2,\ y=-3$ (3) $x=-1,\ y=5$

(4) $x=-2,\ y=3$ **5** $x=4,\ y=-2$ **6** a の値…7, 解…$x=9,\ y=3$

7 (1) $x=\pm\sqrt{7}$ (2) $x=3,\ x=-5$ (3) $x=-2,\ x=14$ (4) $x=5,\ x=7$

(5) $x=-1\pm\sqrt{2}$ (6) $x=\dfrac{9\pm\sqrt{21}}{10}$ **8** (1) $x=3,\ x=-4$ (2) $x=\dfrac{-1\pm\sqrt{5}}{2}$

9 a の値…9, もう 1 つの解…6

1 (3) $0.2(x-2)=x+1.2$
$2(x-2)=10x+12$
$2x-4=10x+12$
$-8x=16\quad x=-2$

2 (2) $(x-3):8=3:2$
$2(x-3)=24$
$x-3=12\quad x=15$

3 $9x-3=ax+12$ に $x=3$ を代入して,
$27-3=3a+12\quad 3a=12\quad a=4$

4 (4) $\begin{cases}\dfrac{x}{2}-\dfrac{y+1}{4}=-2 & \cdots① \\ x+4y=10 & \cdots②\end{cases}$
①×4 より, $2x-(y+1)=-8$
$2x-y=-7\quad\cdots③$
②×2−③より, $9y=27\quad y=3$
$y=3$ を②に代入して, $x=-2$

5 $4x+y=x-5y=14$
$\begin{cases}4x+y=14 & \cdots① \\ x-5y=14 & \cdots②\end{cases}$
①×5+②より, $21x=84\quad x=4$
$x=4$ を①に代入して, $y=-2$

6 $\begin{cases}x-y=6 & \cdots① \\ 2x+y=3a & \cdots②\end{cases}$
$x:y=3:1$ より, $x=3y\quad\cdots③$
③を①に代入して, $3y-y=6\quad y=3$
$y=3$ を③に代入して, $x=9$
$x=9,\ y=3$ を②に代入して, $a=7$

7 (2) $(x+1)^2-16=0\quad (x+1)^2=16$
$x+1=\pm4\quad x=-1\pm4$
$x=-1+4=3,\ x=-1-4=-5$

(5) $x^2+2x-1=0$
$x=\dfrac{-2\pm\sqrt{2^2-4\times1\times(-1)}}{2\times1}$
$=\dfrac{-2\pm\sqrt{8}}{2}=\dfrac{-2\pm2\sqrt{2}}{2}$
$=-1\pm\sqrt{2}$

8 (2) $(x+2)^2=3x+5$
$x^2+4x+4=3x+5$
$x^2+x-1=0$
$x=\dfrac{-1\pm\sqrt{1^2-4\times1\times(-1)}}{2\times1}$
$=\dfrac{-1\pm\sqrt{5}}{2}$

9 $x=3$ を $x^2-ax+2a=0$ に代入して,
$9-3a+2a=0$
$a=9$
$a=9$ を $x^2-ax+2a=0$ に代入して,
$x^2-9x+18=0$
これを解くと,
$(x-3)(x-6)=0$
$x=3,\ x=6$
よって, もう 1 つの解は 6

4 方程式・比例式の利用

基礎問題 解答

→ 問題14ページ

1 ドーナツ1個の値段…130円, 持っていたお金…1150円　**2** $\dfrac{15}{2}$km(または, 7.5km)

3 10本　**4** 75cmと45cm

5 おとな…420円, 中学生…210円　**6** シャツ…1200円, 帽子…1800円

7 6, 7　**8** 7cm

基礎力確認テスト 解答・解説

→ 問題16ページ

1 $x=3$　**2** 160円　**3** 36g

4 (1) ① $2x+20$　② $300x+150y$　(2) おとな…50人, 子ども…120人

5 168人　**6** 歩いた時間…25分, 走った時間…6分　**7** 10　**8** 4cm　**9** 20円

---

1 $\dfrac{2+10+8+x+7}{5}=6$
$x+27=30$　$x=3$

2 りんご1個の値段を x 円とすると,
$5x+80=(x+60)\times4$
$5x+80=4x+240$
$x=160$
りんご1個の値段は160円となる。

3 必要なたまねぎの分量を x g とすると,
$96:x=120:45$
$96:x=8:3$
$8x=96\times3$　$x=36$
必要なたまねぎの分量は36gとなる。

4 (1) 子どもの入場者数は, おとなの入場者数の2倍より20人多かったことから,
$y=\boxed{2x+20}$　…⑦
入場料の合計金額から,
$\boxed{300x+150y}=33000$　…④
(2) ④÷150より, $2x+y=220$　…⑨
⑦を⑨に代入して, $2x+(2x+20)=220$
$4x=200$　$x=50$
$x=50$ を⑦に代入して, $y=120$
おとなは50人, 子どもは120人となる。

5 はじめにA, Bを希望した生徒の人数をそれぞれ x 人, y 人とすると,
$x:y=1:2$　…①
$(x+14):(y-14)=5:7$　…②
①より, $y=2x$　…③
③を②に代入して, $5(2x-14)=7(x+14)$
$3x=7\times14+5\times14$　$x=56$
体験学習に参加する生徒の人数は,
$x+y=x+2x=3x=3\times56=168$(人)となる。

6 歩いた時間を x 分, 走った時間を y 分とすると,
$\begin{cases} x+y=31 & \cdots① \\ 60x+150y=2400 & \cdots② \end{cases}$
②÷30より, $2x+5y=80$　…③
①×2－③より, $-3y=-18$　$y=6$
$y=6$ を①に代入して, $x=25$
歩いた時間は25分, 走った時間は6分となる。

7 中央の数を x とすると, 連続する3つの自然数は, $x-1$, x, $x+1$
中央の数の9倍は, 最も小さい数と最も大きい数の積から9をひいた数に等しいから,
$9x=(x-1)(x+1)-9$
整理して, $x^2-9x-10=0$
$(x+1)(x-10)=0$
x は自然数なので, $x=10$　このとき, 3つの数は9, 10, 11となり問題に適する。

8 もとの長方形の縦の長さを x cm とすると,
横の長さは, $x\times2=2x$(cm)
縦を2cm, 横を4cm それぞれ長くしたところ, 面積は72cm² になったから,
$(x+2)(2x+4)=72$
整理して, $x^2+4x-32=0$
$(x-4)(x+8)=0$
$x>0$ より, $x=4$
もとの長方形の縦の長さは4cmとなる。

9 x 円値下げすると,
商品1個の値段は, $100-x$(円)
売れる個数は, $240+4x$(個)
よって, $(100-x)(240+4x)=25600$
整理して, $x^2-40x+400=0$
$(x-20)^2=0$　$x=20$
商品を20円値下げした。

基礎問題 解答

→ 問題18ページ

1 (1) $y=-\dfrac{2}{3}x$　(2) $y=8$

2 (1) $y=\dfrac{12}{x}$　(2) $y=-2$

3 (1) 右の図　(2) $y=-\dfrac{3}{4}x$　(3) $y=\dfrac{8}{x}$

4 (1) $y=2x+6$　(2) $y=-2x-3$
　　(3) $y=-x+3$

5 (1) 傾き…$-\dfrac{1}{2}$，切片…-3　(2) $(-6,\ 0)$

6 (1) $y=-1$　(2) $y=-x+2$　(3) $(1,\ 1)$

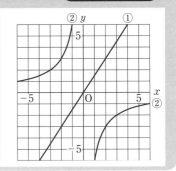

基礎力確認テスト 解答・解説

→ 問題20ページ

1 (1) $y=-5x$　(2) $x=4$　(3) $y=4$　　**2** $y=\dfrac{180}{x}$

3 (1) -9　(2) $-1\leqq y\leqq2$　(3) $y=3x-5$　(4) $y=2x-4$

4 $\left(\dfrac{35}{24},\ \dfrac{17}{6}\right)$　　**5** (1) $(3,\ 0)$　(2) $\dfrac{3}{2}$

6 (1) 毎分50m　(2) $y=80x-1600$　(3) 48分後

---

1 (1) $y=ax$ に $x=3$，$y=-15$ を代入すると，
$-15=3a$　$a=-5$　よって，$y=-5x$

(2) $y=\dfrac{a}{x}$ に $x=6$，$y=6$ を代入すると，
$6=\dfrac{a}{6}$　$a=36$　よって，$y=\dfrac{36}{x}$
$y=9$ を代入すると，$9=\dfrac{36}{x}$　$x=4$

(3) $x=2$ と $y=6$ が対応するから，$y=\dfrac{a}{x}$ に
代入して，$a=12$　よって，$y=\dfrac{12}{x}$
$x=3$ を代入すると，$y=4$

2 水そうの容積は，$6\times30=180$(L)
よって，$xy=180$　$y=\dfrac{180}{x}$

3 (1) （y の増加量）
$=$（変化の割合）$\times$（x の増加量）より，
$-\dfrac{3}{2}\times6=-9$

(2) $x=-5$ のとき $y=2$，$x=10$ のとき $y=-1$
よって，$-1\leqq y\leqq2$

(3) 傾き3より，$y=3x+b$ とおくと，点$(2,1)$
を通るので，$x=2$，$y=1$ を代入して，$b=-5$
よって，$y=3x-5$

(4) 2点$(3,2)$，$(5,6)$を通ることから，傾きは，
$\dfrac{6-2}{5-3}=2$　$y=2x+b$ に，$x=3$，$y=2$ を代入し
て，$b=-4$　よって，$y=2x-4$

4 連立方程式 $\begin{cases} y=4x-3 \\ 4x+5y=20 \end{cases}$ を解く。

5 (1) $y=2x$ に $x=1$ を代入して，$y=2$
よって，A$(1,\ 2)$　直線 m は傾き -1 で，
点 A を通るから，$y=-x+3$　この式に $y=0$
を代入して，$x=3$　よって，B$(3,\ 0)$

(2) 点 Q…$y=2x$ に $x=2$ を代入して，$y=4$
点 R…$y=-x+3$ に $x=2$ を代入して，$y=1$
三角形 AQR の底辺を QR とすると，高さは
点A，Q(R)の x 座標より，$2-1=1$
QR$=4-1=3$ より，$\dfrac{1}{2}\times3\times1=\dfrac{3}{2}$

6 (1) 32分で1600m進むことから，
$\dfrac{1600}{32}=50$　よって，毎分50m

(2) 傾きは，$\dfrac{3200-1600}{60-40}=80$
$y=80x+b$ とすると，点$(40,\ 1600)$を通るこ
とから，$b=-1600$　$y=80x-1600$　…①

(3) 花子さんが進む様子を表すグラフは，
点$(24,\ 3200)$が出発点で傾き -40 の直線にな
るから，$y=-40x+4160$　…②
②で $x=40$ のとき，$y=2560$ で，$2560>1600$
だから，$x>40$ で 2 人は出会う。
よって，①と②の連立方程式を解いて，$x=48$
したがって，48分後

6日目 関数 $y = ax^2$, いろいろな関数

基礎問題 解答 → 問題22ページ

1 イ, エ

2 (1) $y = \frac{1}{4}x^2$ (2) $y = 1$

3 (1) $2 \leqq y \leqq 18$ (2) $0 \leqq y \leqq 18$

4 (1) 3 (2) -2

5 ① $y = 2x^2$ ② $y = \frac{4}{9}x^2$ ③ $y = -\frac{3}{4}x^2$

6 (1) $(6, 18)$ (2) $a = \frac{1}{2}$

7 右の図

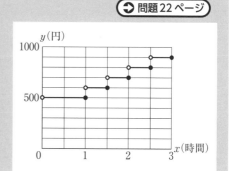

基礎力確認テスト 解答・解説 → 問題24ページ

1 (1) $y = \frac{1}{4}x^2$ (2) $-8 \leqq y \leqq 0$ (3) 3 　**2** (1) $a = -3$ (2) $a = -\frac{1}{4}$ 　**3** $a = \frac{1}{2}$

4 (1) 8 (2) $y = x + 4$ (3) 12

5 (1) ア, x の値を決めると, それにともなって y の値がただ1つ決まるから。

　　(2) ア…9, イ…10

---

1 (1) $y = ax^2$ に $x = 2$, $y = 1$ を代入して,

$1 = 4a$ 　$a = \frac{1}{4}$ 　よって, $y = \frac{1}{4}x^2$

(2) y は,

$x = -2$ のとき, 最小値 $-2 \times (-2)^2 = -8$

$x = 0$ のとき, 最大値 0

よって, $-8 \leqq y \leqq 0$

(3) $x = 3$ のとき $y = 3$, $x = 6$ のとき $y = 12$

よって, 変化の割合は, $\dfrac{12 - 3}{6 - 3} = 3$

2 (1) 最小値 0 だから, x の変域に 0 をふくむ。$x = 1$ のとき $y = 2$, $x = a$ のとき $y = 18$ だから,

$18 = 2a^2$ 　$a^2 = 9$ 　$a \leqq 0$ より, $a = -3$

(2) $x = -5$ のとき $y = 25a$, $x = -3$ のとき, $y = 9a$

変化の割合は, $\dfrac{9a - 25a}{-3 - (-5)} = -8a$

問題文より, このときの変化の割合は 2 だから,

$-8a = 2$ 　よって, $a = -\dfrac{1}{4}$

3 $y = 2x^2$ に $x = 1$ を代入して, $y = 2$

点 A, B, C の y 座標は 2 　AB = BC より,

C の x 座標は 2 　よって, C$(2, 2)$

$y = ax^2$ に $x = 2$, $y = 2$ を代入して,

$2 = 4a$ 　$a = \dfrac{1}{2}$

4 (1) $y = \frac{1}{2}x^2$ に $x = 4$ を代入して, $y = \frac{1}{2} \times 4^2 = 8$

(2) A$(-2, 2)$, B$(4, 8)$ より, 直線 AB の

傾きは, $\dfrac{8 - 2}{4 - (-2)} = 1$

$y = x + b$ に $x = -2$, $y = 2$ を代入すると, $b = 4$

よって, $y = x + 4$

(3) 直線 AB と y 軸との交点を C とする。

△OAB を, OC を底辺とする2つの三角形, △OAC と △OBC に分けると,

△OAB

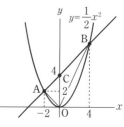

$= \dfrac{1}{2} \times 4 \times 2 + \dfrac{1}{2} \times 4 \times 4 = 4 + 8 = 12$

5 (2) B社の料金のグラフをかきこむと, 右の図のようになる。

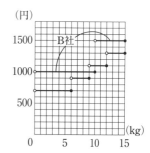

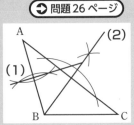

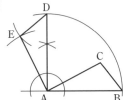

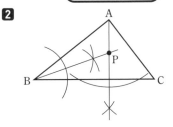

7 日目 平面図形①

基礎問題 解答

→ 問題 26 ページ

1 右の図

2 右の図

3 (1) 4π cm

(2) 12π cm²

4 (1) 65° (2) 75°

(3) 95° (4) 60°

5 (1) 78° (2) 45° (3) 145° (4) 120°

6 144°

基礎力確認テスト 解答・解説

→ 問題 28 ページ

1 右の図 **2** 右の図

3 29° **4** 115°

5 22° **6** 19°

7 96° **8** 110°

9 128°

1 A を通り直線 AB に垂直な直線と，A を中心とする半径 AB の円との交点が D になる。D を中心とする半径 BC の円と，A を中心とする半径 AC の円の交点が E になる。

2 A から BC へひいた垂線と∠ABC の二等分線の交点が P になる。

3 右の図で，

$\angle a = 50°$

$\angle b = 180° - 159° = 21°$

$\angle x = 50° - 21° = 29°$

4 右の図で，

$\angle a = 55°$ $\angle d = 40°$

$\angle b = \angle c = 100° - 40°$

$\quad = 60°$

$\angle x = \angle a + \angle b$

$\quad = 55° + 60° = 115°$

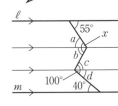

5 右の図で，

$\angle x + 60°$ は，• + ○ に等しい。

• + ○

$= 180° - (40° + 33° + 25°)$

$= 82°$

よって，

$\angle x + 60° = 82°$ $\angle x = 22°$

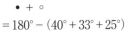

6 $\angle OAE = 180° - 55° = 125°$

正五角形の内角だから，

$\angle AED = \angle EDC = 108°$

四角形 ODEA で，

$\angle x = 360° - (125° + 108° + 108°) = 19°$

7 $\angle x$ の外角は，

$360° - \{(180° - 130°) + 80° + 76° + 70°\}$

$= 84°$

よって，$\angle x = 180° - 84° = 96°$

8 △ABC の内角の和より，

$(2\angle DAC + 2\angle DCA) = 180° - 40° = 140°$

よって，$\angle DAC + \angle DCA = 140° \div 2 = 70°$

△ADC の内角の和より，

$\angle x = 180° - (\angle DAC + \angle DCA)$

$\quad = 180° - 70° = 110°$

9 折り返したから，右の図で • 印をつけた角は等しい。

$\angle BFE = (180° - 76°) \div 2$

$\quad = 52°$

AE∥BF より，

$\angle AEF = 180° - 52° = 128°$

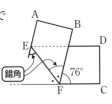

錯角

8日目 平面図形②

基礎問題 解答

→ 問題30ページ

1 (1) 三角形の組…△AOD≡△COB
合同条件…2組の辺とその間の角が
それぞれ等しい。
(2) 三角形の組…△ABD≡△CBD
合同条件…直角三角形で，斜辺と他
の1辺がそれぞれ等しい。

3 (1) 44° (2) 36°

4 15°

5 (1) 8 cm (2) 6 cm (3) 110°

6 イ，ウ

2 (証明)△ABDと△ACEで，
仮定から，AB＝AC …①
∠ABD＝∠ACE …②
共通だから，∠BAD＝∠CAE …③
①，②，③から，1組の辺とその両端の角
がそれぞれ等しいので，
△ABD≡△ACE
合同な図形では，対応する辺は等しいから，
BD＝CE

基礎力確認テスト 解答・解説

→ 問題32ページ

1 Ⅰ…ウ，Ⅱ…オ，Ⅲ…イ **2** 解説参照 **3** 45°
4 56° **5** イ **6** 解説参照

1 右の図のようになる。
(証明)
△AOCと△BODで，
仮定より，AO＝BO …①
CO＝DO …②
対頂角は等しいから，
∠AOC＝∠BOD …③
①，②，③から，2組の辺とその間の角がそ
れぞれ等しいので，
△AOC≡△BOD
合同な図形では，対応する角の大きさは等し
いので，∠ACO＝∠BDO
2つの直線に1つの直線が交わるとき，錯角
が等しいならば，この2つの直線は平行だから，
AC∥DB

2 (証明)△ADCと△AEBで，
仮定から，AC＝AB …①
∠ADC＝∠AEB＝90° …②
共通だから，∠CAD＝∠BAE …③
①，②，③から，直角三角形で，斜辺と1つ
の鋭角がそれぞれ等しいので，
△ADC≡△AEB
合同な図形では，対応する辺は等しいから，
AD＝AE

3 ∠ACB＝(180°－30°)÷2＝75°
△ABCと△PQCは合同な三角形だから，
∠PCQ＝∠ACB＝75°
PC∥ABより，錯角が等しいから，

∠PCA＝30°
よって，∠x＝∠PCQ－∠PCA
＝75°－30°＝45°

4 AD∥BCより，錯角が等しいから，
∠DAF＝∠FEB＝56°
∠ADF＝180°－(56°＋90°)＝34°
∠ABE＝∠ADC＝2∠ADF＝2×34°＝68°
よって，∠BAF＝180°－(68°＋56°)＝56°

5 ア となり合う角が等しくなると，4つの角
が等しくなるので長方形になる。
イ となり合う辺が等しくなると，4つの辺
が等しくなりひし形になる。
ウ 特別な平行四辺形にはならない。
エ 対角線の長さが等しい
と，右の図で，
△ABC≡△DCBから，
∠B＝∠C＝90°となるの
で，長方形になる。

6 (証明)△OAEと△OCFで，
仮定から，OE＝OF …①
平行四辺形の対角線はそれぞれの中点で交わ
るから，OA＝OC …②
対頂角は等しいから，∠AOE＝∠COF …③
①，②，③から，2組の辺とその間の角がそ
れぞれ等しいので，△OAE≡△OCF

基礎問題 解答

→ 問題34ページ

1 (1) 辺CD, 辺GH, 辺CG, 辺DH
   (2) 面BFGC, 面AEHD
   (3) 辺AD, 辺CD, 辺EH, 辺GH
2 右の図
3 ア…四角錐, イ…三角柱, ウ…円錐
4 (1) 150cm^3 (2) 32cm^3 (3) $200\pi\text{cm}^3$ (4) $27\pi\text{cm}^3$
5 $130\pi\text{cm}^2$
6 (1) $6\pi\text{cm}$ (2) $27\pi\text{cm}^2$ (3) $120°$
7 体積…$288\pi\text{cm}^3$, 表面積…$144\pi\text{cm}^2$

基礎力確認テスト 解答・解説

→ 問題36ページ

1 辺DC, 辺HG, 辺EF
2 イ, オ
3 エ
4 円柱　**5** ④
6 20cm^3　**7** 132cm^2
8 $12\pi\text{cm}^3$　**9** $\dfrac{27}{4}\text{cm}$

1 辺HG を忘れないようにする。
2 組み立てると右の図の
ようになる。
辺AB と平行になる面
はイとオになる。

3 ア　直線 ℓ と m が平
行になるときがある。
正しくない。

イ　例えば, 右の図の
ような場合, 直線
ℓ と m は平行にな
らない。
正しくない。

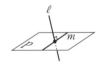

ウ　$\ell \perp m$ でも $\ell \perp P$ と
は限らない。
正しくない。

エ　正しい。

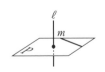

4 角柱や円柱の立面図は長方形で平面図は底面
の形になる。
5 面と面がくっついているところは, ①は3か所,
②は3か所, ③は3か所, ④は4か所ある。
したがって, ④の表面積が最も小さくなる。
6 $\dfrac{1}{2} \times 4 \times 5 \times 2 = 20(\text{cm}^3)$
7 底面積　$6 \times 6 = 36(\text{cm}^2)$
側面積　$\dfrac{1}{2} \times 6 \times 8 \times 4 = 96(\text{cm}^2)$
表面積　$36 + 96 = 132(\text{cm}^2)$
8 底面の半径2cm, 高さ4cm
の円柱から, 底面の半径2cm,
高さ3cm の円錐をくりぬい
た立体になる。

  $\pi \times 2^2 \times 4 - \dfrac{1}{3} \times \pi \times 2^2 \times 3$
  $= 16\pi - 4\pi = 12\pi (\text{cm}^3)$
9 円錐の高さを h cm とすると,
  $\dfrac{4}{3}\pi \times 3^3 = \dfrac{1}{3} \times \pi \times 4^2 \times h$
     $27 = 4h$
      $h = \dfrac{27}{4}$

10 相似な図形

10日目

基礎問題 解答

➡ 問題38ページ

1 (1) 2:3　(2) 辺BC…8cm, 辺DF…7.5cm
2 (1) ⑦ DAB ⑦ 2組の角　(2) 6cm
3 (1) 4cm　(2) 2cm　**4** (1) $x=4$　(2) $x=6$
5 (1) 4:3　(2) 16:9　(3) 21cm²　**6** 表面積の比…4:25, 体積比…8:125

基礎力確認テスト 解答・解説

➡ 問題40ページ

1 2　**2** 18cm　**3** $x=\dfrac{8}{5}$　**4** 575m

5 (1) 6cm　(2) 解説参照　(3) 25:9　**6** (1) $\dfrac{98}{125}$倍　(2) 98πcm²

1 △ABC と△ACD で,
仮定から, ∠ABC = ∠ACD …①
共通だから, ∠BAC = ∠CAD …②
①, ②から, 2組の角がそれぞれ等しいので,
　　　　　△ABC∽△ACD
よって, 　AB：AC = BC：CD
　　　　　 6：4 = 3：CD
　　　　　 6CD = 12
　　　　　　 CD = 2

2 △BEA で, 点 D, F は, それぞれ辺 BE, BA の中点だから, 中点連結定理より,
FD∥AE, AE = 2FD = 24(cm)
また, △CDF で, GE∥FD, CE = ED だから,
CE：CD = GE：FD
1：(1+1) = GE：12(中点連結定理)
　　　 2GE = 12　　 GE = 6(cm)
よって, AG = AE − GE
　　　　　　 = 24 − 6 = 18(cm)

3 ℓ∥m より, 2：5 = x：4
　　　　　 5x = 8
　　　　　　 $x=\dfrac{8}{5}$

4 S さんが立っている位置から新タワーまでの距離を x m とすると,
x：10 = (634 − 1.5)：(12.5 − 1.5)
x：10 = 632.5：11
　 11x = 6325
　　 x = 575

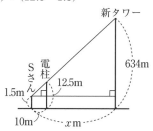

5 (1) AD $= 10 \times \dfrac{3}{3+2} = 6$(cm)
(2) (証明) △ABE と△ADF で,
AD：DB = 3：2 より, AB：AD = 5：3
また, AE：AF $= 8：\dfrac{24}{5} = 5：3$
よって, 　 AB：AD = AE：AF …①
共通だから, ∠BAE = ∠DAF …②
①, ②から, 2組の辺の比とその間の角がそれぞれ等しいので,
　　　　　△ABE∽△ADF
(3) (2)より, △ABE∽△ADF, 相似比は5：3なので, $S_1：S_2 = 5^2：3^2 = 25：9$

6 (1) 円錐 P と円錐 Q は相似で, 相似比は
OA：OB = (3+2)：3 = 5：3 だから, 体積比は,
$5^3：3^3 = 125：27$
立体 K と円錐 P の体積比は,
(125 − 27)：125 = 98：125
よって, $\dfrac{98}{125}$倍
(2) 円錐 P と円錐 Q の相似比は5：3で, 円錐 Q の底面の半径が3cm だから, 円錐 P の底面の半径は, 5cm
また, OA $= 8 \times \dfrac{5}{5-3} = 20$(cm)
よって, 円錐 P の側面積は,
$\pi \times 20^2 \times \dfrac{2\pi \times 5}{2\pi \times 20} = 100\pi$(cm²)
立体 K の曲面の部分の面積と円錐 P の側面積の比は, $(5^2 - 3^2)：5^2 = 16：25$
よって, 立体 K の曲面の部分の面積は,
$100\pi \times \dfrac{16}{25} = 64\pi$(cm²)
したがって, 立体 K の表面積は,
$64\pi + \pi \times 3^2 + \pi \times 5^2 = 98\pi$(cm²)

基礎問題 解答

○ 問題 42 ページ

1 (1) ∠x…50°, ∠y…100°　(2) ∠x…35°, ∠y…100°
　(3) ∠x…90°, ∠y…50°　(4) ∠x…22°, ∠y…48°
2 43°　**3** AB を直径とする円(ただし, 点A, Bをのぞく)　**4** ∠x…140°, ∠y…70°
5 13cm　**6** ㋐ EAD　㋑ ADE　㋒2組の角

基礎力確認テスト 解答・解説

○ 問題 44 ページ

1 (1) 100°　(2) 20°　(3) 35°　(4) 56°
2 48°
3 ア
4 65°
5 右の図
6 (1) 90°−a°　(2) 解説参照

1 (1)

∠x = 70° + 30°
　 = 100°

(2)

∠x
= 180° − (70° + 30° + 60°)
= 20°

(3)

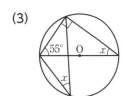

∠x
= 180° − (90° + 55°)
= 35°

(4)

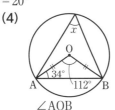

∠AOB
= 180° − 34° × 2
= 112°
∠x = 112° ÷ 2 = 56°

2 $\overset{\frown}{BC}$ の円周角は, 72° ÷ 2 = 36°
$\overset{\frown}{CD} = \dfrac{4}{3}\overset{\frown}{BC}$ より,
∠x = $\dfrac{4}{3}$ × 36° = 48°

3 右の図で,
∠a < ∠b < ∠c
である。

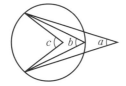

4 円の中心を O として,
線分 OA, OB をひくと,
∠PAO = ∠PBO = 90°
四角形 APBO で,
　∠AOB
= 360° − (90° + 90° + 50°)
= 130°
よって,
∠x = 130° ÷ 2 = 65°

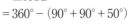

5 点 A, B をそれぞれ中心とする半径 AB の円
をかき, その交点を O とすると,
∠AOB = 60°
よって, 上の解答の図のように, 点 O を中心
とする半径 OA の円をかき, 直線 ℓ との交点
を P とすると, ∠APB = 60° ÷ 2 = 30°

6 (1) $\overset{\frown}{AD}$ の円周角より, ∠ABD = a°
AB は直径だから, ∠ADB = 90°
よって, ∠BAD = 180° − (a° + 90°)
　　　　　　　 = 90° − a°

(2) （証明）
△PQC と△PCD で,
共通だから, ∠CPQ = ∠DPC　…①
△OAC は二等辺三角形だから,
　　　　∠PCQ = ∠BAC　…②
$\overset{\frown}{BC}$ の円周角より,
　　　　∠BAC = ∠PDC　…③
②, ③から, ∠PCQ = ∠PDC　…④
①, ④から, 2組の角がそれぞれ等しいので,
△PQC∽△PCD

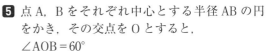

12 三平方の定理

→ 問題46ページ

基礎問題 解答

1 (1) $x=2\sqrt{5}$ (2) $x=\sqrt{11}$ (3) $x=\sqrt{13}$ **2** イ, ウ, エ

3 (1) $x\cdots3$, $y\cdots3\sqrt{2}$ (2) $x\cdots2$, $y\cdots2\sqrt{3}$

4 (1) $8\sqrt{2}$ cm² (2) $16\sqrt{3}$ cm² **5** $\sqrt{34}$ **6** $2\sqrt{55}$ cm

7 $\sqrt{29}$ cm **8** 高さ$\cdots6\sqrt{2}$ cm, 体積$\cdots18\sqrt{2}\,\pi$ cm³

基礎力確認テスト 解答・解説

→ 問題48ページ

1 $(\sqrt{6}+1)$cm **2** $5\sqrt{6}$ cm²

3 $\sqrt{21}$ cm

4 $\sqrt{38}$ cm

5 $4\sqrt{2}$ cm

6 $\sqrt{29}$ cm

7 144cm³

8 (1) 右の図 (2) $6\sqrt{2}$ cm

9 (1) $3\sqrt{2}$ cm (2) $9\sqrt{3}$ cm² (3) $\sqrt{6}$ cm

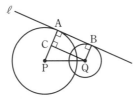

1 △ADCは30°, 60°, 90°の直角三角形だから,

$DC=\dfrac{1}{2}AC=1$(cm), $AD=\dfrac{\sqrt{3}}{2}AC=\sqrt{3}$ (cm)

△ABDで, 三平方の定理より,

$BD^2=3^2-(\sqrt{3})^2=6$ $BD>0$ より, $BD=\sqrt{6}$ cm

2 三平方の定理より, $BC=\sqrt{24}=2\sqrt{6}$ (cm)

$△ABC=\dfrac{1}{2}\times2\sqrt{6}\times5=5\sqrt{6}$ (cm²)

3 直線 AP と点 Q から直線 AP にひいた垂線の交点を C とする。△PQC で, 三平方の定理より, $CQ=\sqrt{5^2-(4-2)^2}=\sqrt{21}$ (cm)

直線 CQ は直線 ℓ と平行で, すべての角が直角のため, 四角形 ABQC は長方形である。したがって, $AB=CQ=\sqrt{21}$ cm

4 $AG=\sqrt{3^2+5^2+2^2}=\sqrt{38}$ (cm)

5 展開図のおうぎ形の弧の長さは,

$2\pi\times2=4\pi$ (cm) おうぎ形の半径を x cm とすると, $2\pi\times x\times\dfrac{120}{360}=4\pi$ $x=6$ よって, 母線の長さ6 cm, 底面の半径2 cm の円錐である。円錐の高さを h cm とすると, $h^2=6^2-2^2=32$ $h>0$ より, $h=4\sqrt{2}$

6 2点 A, B の間の距離を x cm とすると,

$x^2=(4-2)^2+\{3-(-2)\}^2=29$

$x>0$ より, $x=\sqrt{29}$

7 底面積が 72 cm² より, 1辺の長さは, $\sqrt{72}=6\sqrt{2}$ (cm) この正四角錐の高さを AH とすると, △ BHC は直角二等辺三角形だから, $BH=\dfrac{1}{\sqrt{2}}BC=6$ (cm)

△ABHで, 三平方の定理より, $AH=6$ cm

よって, 体積は, $\dfrac{1}{3}\times72\times6=144$ (cm³)

8 (1) 展開図で, 辺 EF と交わるように線分 AG をひく。

(2) (1)の展開図の△GABで, $AB=6$ cm, $GB=4+2=6$ (cm) よって, 三平方の定理より, $GA=6\sqrt{2}$ cm

9 (1) △ABD は直角二等辺三角形だから,

$AB=\dfrac{1}{\sqrt{2}}AD=3\sqrt{2}$ (cm)

(2) △ACD は1辺6 cm の正三角形になる。この正三角形の高さは, $\dfrac{\sqrt{3}}{2}AD=3\sqrt{3}$ (cm)

よって, 面積は, $\dfrac{1}{2}\times6\times3\sqrt{3}=9\sqrt{3}$ (cm²)

(3) 立体 K を底面が面ABC である三角錐と考えると, 体積は,

$\dfrac{1}{3}\times\left(\dfrac{1}{2}\times3\sqrt{2}\times3\sqrt{2}\right)\times3\sqrt{2}=9\sqrt{2}$ (cm³)

面 ACD を底面としたときの立体 K の高さを h cm とすると, 体積は $9\sqrt{2}$ cm³ だから,

$\dfrac{1}{3}\times9\sqrt{3}\times h=9\sqrt{2}$ $h=\sqrt{6}$

基礎問題 解答

→ 問題50ページ

1 (1) 3つ　(2) $\dfrac{1}{2}$　**2** (1) 6通り　(2) $\dfrac{1}{2}$

3 (1) 右の図　(2) $\dfrac{3}{8}$　**4** $\dfrac{1}{2}$　**5** $\dfrac{1}{4}$

6 (1) $\dfrac{1}{6}$　(2) $\dfrac{1}{4}$　(3) $\dfrac{3}{4}$

7 (1) $\dfrac{1}{10}$　(2) $\dfrac{3}{5}$

(例)

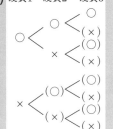

基礎力確認テスト 解答・解説

→ 問題52ページ

1 $\dfrac{1}{3}$　**2** $\dfrac{3}{5}$　**3** (1) 6通り　(2) $\dfrac{5}{12}$　**4** (1) 8通り　(2) $\dfrac{1}{8}$　(3) $\dfrac{3}{8}$

5 $\dfrac{5}{16}$　**6** $\dfrac{16}{25}$　**7** $\dfrac{3}{5}$　**8** $\dfrac{2}{9}$

1 (十の位の数)，(一の位の数)の順に樹形図に表すと，

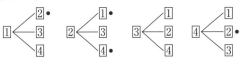

できる整数は全部で12通りで，そのうち，3の倍数になるのは•印をつけた4通り。

2 2人の選び方を樹形図に表すと，

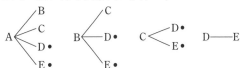

選び方は全部で10通りで，そのうち，女子1人，男子1人になるのは•印をつけた6通り。

3 (1) 2つのさいころの目の和が7になるのは表の○印の6通り。

(2) 2つのさいころの目の出かたは36通りで，そのうち，和が素数になるのは表の○と●印の15通り。

大＼小	1	2	3	4	5	6
1	●	●		●		○
2	●		●		○	
3		●		○		
4	●		○			●
5		○			●	
6	○			●		●

4 (1) $2 \times 2 \times 2 = 8$(通り)

(2) 160点になるのは，3枚とも表のときの1通り。

(3) 50点以下になるのは，得点が0点，10点，50点になる3通り。

5 カードの取り出し方は，Aについて4通り，Bについて4通りあるから，全部で，$4 \times 4 = 16$(通り)

積が25より大きくなるのは，

(Aのカード，Bのカード)の順に，(5, 6)，(5, 8)，(7, 4)，(7, 6)，(7, 8)の5通り。

6 赤玉を R_1，R_2，白玉を W_1，W_2，青玉を B として，取り出し方を樹形図に表すと，

玉の取り出し方は全部で25通りあり，そのうち，色が異なるのは•印をつけた16通り。

7 あたりくじを①，②，はずれくじを3，4，5，6として，ひき方を樹形図に表すと，

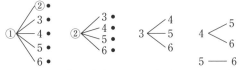

くじのひき方は全部で15通りあり，そのうち，少なくとも1本あたるのは•印をつけた9通り。

8 6の目が出たときは1周と1つ進むことに注意する。Aにくるのは，さいころの出た目が(1回目，2回目)の順に，(1, 1)，(1, 6)，(2, 2)，(3, 3)，(4, 4)，(5, 5)，(6, 1)，(6, 6)の8通り。

基礎問題 解答

➡ 問題54ページ

1 (1) ア 2　イ 0.30　ウ 0.80　(2) 35分
(3) 30分以上40分未満の階級　(4) 30.5分

2 イ

3 (1) $\dfrac{1}{200}$　(2) およそ50個

4 およそ2400匹

基礎力確認テスト 解答・解説

➡ 問題56ページ

1 0.23

2 7.25秒　**3** 23m

4 エ

5 (1)a, d　(2)およそ375個

6 およそ2300個

---

1 380g以上390g未満の階級の度数は7個，度数の合計は30個。よって，この階級の相対度数は，$\dfrac{7}{30}=0.233\cdots$より，0.23

2 度数が最も多い階級は，7.0秒以上7.5秒未満の階級だから，最頻値は，
$(7.0+7.5)\div2=7.25$（秒）

3 （平均値）$=\dfrac{\{(階級値\times度数)の合計\}}{(度数の合計)}$ だから，
（階級値）×（度数）の合計は，
$5\times2+15\times6+25\times7+35\times4+45\times1=460$
よって，平均値は，$\dfrac{460}{20}=23$（m）

4 ア…A組の平均値18.0分は度数が最も多い階級にふくまれるが，B組の平均値18.8分は度数が最も多い階級にふくまれていない。
イ…25人の中央値は13番目の人の記録。B組の13番目は度数が最も多い階級にふくまれていない。
ウ…通学時間16分未満の生徒は，A組8人，B組13人でA組の方が少ない。
エ…ヒストグラムより，A組の方が分布の範囲が小さいので，あっている。

5 (1)　b, cは全数調査しないと意味がない。
aは全数調査すると販売する製品がなくなる。
dは全数調査すると手間と費用がかかり過ぎる。
(2)　不良品の割合は$\dfrac{3}{80}$だから，
$10000\times\dfrac{3}{80}=375$（個）
よって，およそ375個が不良品になると推測される。

6 箱の中に入っていた白い球の個数をx個とすると，オレンジ色の球を200個箱に入れたので箱の中の球の総数は，$x+200$（個）
無作為に抽出した球50個に，オレンジ色の球が4個ふくまれていたことから，このオレンジ色の球の割合は，箱の中の球の総数に対するオレンジ色の球の割合と等しくなると推測できる。
$(x+200):200=50:4$
$(x+200)\times4=200\times50$
$\qquad\qquad x=2300$
よって，およそ2300個

解答

1 (1) -1 (2) 19 (3) $8a$
　(4) $x-y$ (5) x^2+7x+9 (6) $6\sqrt{3}$

2 (1) $b=3m-2a$ (2) $x=-1,\ y=3$
　(3) $(x+2)(x-10)$ (4) $150°$

3 ① ア ② 150

4 (1) 午前9時50分 (2) 右の図
　(3) ① $100\leqq x\leqq150$
　　 ② $y=-60x+9000$

4 (2)
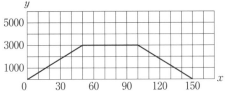

5 右の図

6 (1) $135°$ (2) $50°$

7 解説参照

8 $12\,\mathrm{cm}$

9 (1) $4\,\mathrm{cm}$ (2) $4\sqrt{3}\,\mathrm{cm^2}$

10 $29\,\mathrm{cm}$

11 $64.7\,\mathrm{m}$

12 (1) $\dfrac{1}{3}$ (2) $\dfrac{3}{5}$

5
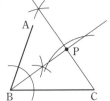

解説

1 (1) $5+(-3)\times2=5-6=-1$
　(2) $(-3)^2+5\times2=9+10=19$
　(3) $24a^2b\div3ab=\dfrac{24a^2b}{3ab}=8a$
　(4) $3(-3x+y)+2(5x-2y)$
　　 $=-9x+3y+10x-4y$
　　 $=x-y$
　(5) $(x+4)^2-(x+7)$
　　 $=x^2+8x+16-x-7$
　　 $=x^2+7x+9$
　(6) $\sqrt{48}-\sqrt{27}+5\sqrt{3}$
　　 $=4\sqrt{3}-3\sqrt{3}+5\sqrt{3}$
　　 $=6\sqrt{3}$

2 (1) $m=\dfrac{2a+b}{3}$
　　 $3m=2a+b$
　　 $2a+b=3m$
　　 $b=3m-2a$
　(2) $\begin{cases}2x+3y=7 & \cdots① \\ 3x-y=-6 & \cdots②\end{cases}$
　　 ①$+$②$\times3$
　　 $\begin{array}{r}2x+3y=7 \\ +)\ 9x-3y=-18 \\ \hline 11x\qquad\ =-11\end{array}$
　　 $\qquad\qquad\qquad x=-1$
　　 $x=-1$を②に代入して，$-3-y=-6$
　　 $\qquad\qquad\qquad\qquad y=3$

(3) $x^2-8x-20$
　 $=x^2+(2-10)x+2\times(-10)$
　 $=(x+2)(x-10)$

(4) 1つの外角の大きさは，
　 $360°\div12=30°$
　 よって，1つの内角の大きさは，
　 $180°-30°=150°$

3 ① 1回充電するのに0.2円でa回充電すると電気代は$0.2a$円，充電式電池1本270円，充電器1台2700円　これらを合計すると，
　 $0.2a+270+2700=0.2a+2970$（円）
　② $20a$円と等しくなるので，
　 $0.2a+2970=20a$
　 $2a+29700=200a$
　 $198a=29700$　$a=150$

4 (1) 優子さんの家までの3000mの道のりを分速60mで歩くから，$\dfrac{3000}{60}=50$（分）

(2) 優子さんの家までは50分かかる。
午前11時30分に帰宅したことから，帰宅したのは，2時間30分後=150分後。
速さは同じなので，帰りも50分かかるから，優子さんの家を出たのは100分後である。
よって，優子さんの家までのグラフは2点$(0,\ 0)$，$(50,\ 3000)$を結ぶ直線，優子さんの家にいることを表すグラフは，2点$(50,\ 3000)$，

(100，3000)を結ぶ直線，優子さんの家から帰宅するまでのグラフは，2点(100，3000)，(150，0)を結ぶ直線になる。

(3) ① グラフから，$100 \leqq x \leqq 150$

② 2点(100，3000)，(150，0)を通るから，傾きは，$\dfrac{0-3000}{150-100}=-60$

よって，$y=-60x+b$ に $x=100$，$y=3000$ を代入して，$b=9000$

$y=-60x+9000$

⑤ ∠ABC の二等分線をひく。点 C からこの二等分線への距離が最も短くなる点は，点 C からこの二等分線にひいた垂線との交点になる。

⑥ (1) 右の図のように補助線をひくと，
$\angle a=75°$
$\angle b=75°-30°$
　　$=45°$
$\angle x=180°-45°=135°$

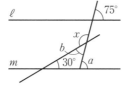

(2) 右の図より，
$\angle x=180°-(95°+35°)$
　　$=50°$

⑦ (証明) △ABG と △ADC で，
正方形 ADEB の辺だから，
　　$AB=AD$ …①
正方形 ACFG の辺だから，
　　$AG=AC$ …②
$\angle BAG=\angle BAC+\angle CAG$
　　　　$=\angle BAC+90°$ …③
$\angle DAC=\angle BAC+\angle DAB$
　　　　$=\angle BAC+90°$ …④
③，④から，$\angle BAG=\angle DAC$ …⑤
①，②，⑤から，2組の辺とその間の角がそれぞれ等しいので，
　　△ABG≡△ADC

⑧ △ABC と △EBD で，
$\angle BAC=\angle BED$(仮定)，$\angle ABC=\angle EBD$(共通)より，2組の角がそれぞれ等しいので，
△ABC∽△EBD
対応する辺の比から，$AC:ED=BC:BD$
$BC=x$cm とすると，
$8:2=x:3$
　　$x=12$

⑨ △DBC は正三角形なので，
　　$\angle B=60°$，$BD=4$ cm
△ABC は，30°，60°，90° の直角三角形だから，
$AB=2BC=8$(cm)，$AC=\sqrt{3}\,BC=4\sqrt{3}$ (cm)

(1) $AD=8-4=4$(cm)

(2) $AD=DB$ より，△ADC の面積は△ABC の面積の $\dfrac{1}{2}$ になる。
$\triangle ADC=\dfrac{1}{2}\times 4\times 4\sqrt{3}\times\dfrac{1}{2}$
　　　　$=4\sqrt{3}$ (cm²)

⑩ 丸太の切り口の半径を r cm とすると，右の図の直角三角形で，三平方の定理より，
$r^2=(r-9)^2+21^2$
$18r=81+441$
　　$r=29$

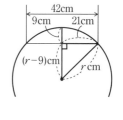

⑪ 階級値は度数分布表の上の行の階級から，それぞれ，62m，66m，70m
(階級値)×(度数)の合計は，
　　$62\times 5+66\times 6+70\times 1=310+396+70=776$
平均値は，$776\div 12=64.66\cdots$より，64.7m

⑫ (1) 6本のうち2本があたりだから，$\dfrac{2}{6}=\dfrac{1}{3}$

(2) あたりくじを①，②，はずれくじを，3，4，5，6として，A，B の順に樹形図に表すと，

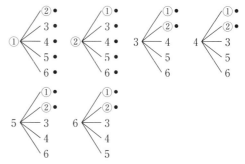

くじのひき方は全部で 30 通りあり，そのうち，少なくとも1人あたるのは・印をつけた18通り。

求める確率は，$\dfrac{18}{30}=\dfrac{3}{5}$

17

解答

1 (1)　28　(2)　$-9xy$　(3)　$\dfrac{5x-7y}{12}$　(4)　$9\sqrt{5}$

2 (1)　$5a+b<500$　(2)　$(x+3)(x-9)$　(3)　12個　(4)　40

3 およそ700個

4 (1)　$x-5$　(2)　$2x-1$　(3)　A…7，B…2，C…13

5 (1)　$0≦y≦12$　(2)　1　(3)　$y=x+13$　(4)　-13

6 120°

7 (1)　解説参照　(2)　$\dfrac{56\sqrt{2}}{9}$cm²

8 (1)　$1:4$　(2)　$\dfrac{64}{3}$cm³　(3)　CP…$\sqrt{2}$ cm，AG…$4\sqrt{3}$ cm

解説

1 (1)　$(-6)^2-4^2÷2$
$=36-16÷2$
$=36-8$
$=28$

(2)　$18x^2y÷(-4xy)×2y$
$=-\dfrac{18x^2y×2y}{4xy}$
$=-9xy$

(3)　$\dfrac{3x-y}{4}-\dfrac{x+y}{3}$
$=\dfrac{3(3x-y)-4(x+y)}{12}$
$=\dfrac{9x-3y-4x-4y}{12}$
$=\dfrac{5x-7y}{12}$

(4)　$\sqrt{45}+\dfrac{30}{\sqrt{5}}$
$=3\sqrt{5}+\dfrac{30×\sqrt{5}}{\sqrt{5}×\sqrt{5}}$
$=3\sqrt{5}+6\sqrt{5}$
$=9\sqrt{5}$

2 (1)　a円の鉛筆5本とb円の消しゴム1個の代金の合計は，$(5a+b)$円
500円出しておつりがあったから，$(5a+b)$円は500円より安いということになる。
よって，$5a+b<500$

(2)　$(x+1)(x-7)-20$
$=x^2-6x-7-20$
$=x^2-6x-27$
$=(x+3)(x-9)$

(3)　$6<\sqrt{n}<7$ より，$\sqrt{36}<\sqrt{n}<\sqrt{49}$ で，n は37以上48以下の自然数だから，
$48-37+1=12$(個)

(4)　ab^2-81a
$=a(b^2-81)$
$=a(b+9)(b-9)$
$a=\dfrac{1}{7}$，$b=19$を代入すると，
$\dfrac{1}{7}(19+9)(19-9)$
$=\dfrac{1}{7}×28×10$
$=40$

3 箱の中の赤球と白球の割合は，抽出した40個の赤球と白球の割合と等しくなると推測できる。
箱の中に入っていた赤球の数をx個とすると，
$x:100=35:5$
$x=700$
よって，およそ700個

4 (1)　BはAより5小さいから，$x-5$

(2)　CはAの2倍より1小さいから，$2x-1$

(3)　AとBの積がCを3倍したものより25小さいことから，
$x(x-5)=3(2x-1)-25$
$x^2-5x=6x-3-25$
$x^2-11x+28=0$
$(x-4)(x-7)=0$
$x=4$，$x=7$
$x=4$ のとき，$B=x-5=-1$で，1～20までの正の整数にならない。
$x=7$ のとき，A$=7$，B$=2$，C$=13$で問題に適する。

5 (1) y は，

$x=0$ のとき，最小値 0

$x=6$ のとき，最大値 $\frac{1}{3}\times 6^2=12$

したがって，$0 \le y \le 12$

(2) A$(-3,\ 3)$，B$(6,\ 12)$ より，

傾きは，$\dfrac{12-3}{6-(-3)}=\dfrac{9}{9}=1$

(3) 直線 AB に平行なことから，傾きは 1 で，

C$(0,\ 13)$ より，13 が切片になる。

よって，$y=x+13$

(4) AB//CP のとき，

△ABC と △ABP の面

積が等しくなる。よっ

て，(3)で求めた直

線と x 軸との交点が

点 P になる。

$y=x+13$ に $y=0$ を

代入して，$x=-13$

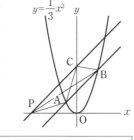

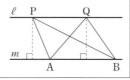

ℓ//m のとき，

△APB＝△AQB

6 右の図のように A と D

を結ぶ。

$\overparen{\text{AF}}$ は円周の $\frac{1}{6}$ だから，

$\overparen{\text{AF}}$ に対する中心角は，

$360°\times\frac{1}{6}=60°$

∠ADF は $\overparen{\text{AF}}$ に対する円周角だから，

∠ADF＝$60°\div 2=30°$

同様に，∠EAD＝$30°$

よって，∠$x=180°-(30°+30°)=120°$

7 (1) （証明）△ABE と △BDC で，

AB＝AD より，△ABD は二等辺三角形になる

から，∠ABE＝∠BDC　…①

AB は直径だから，∠AEB＝$90°$　…②

∠ACB＝$90°$　…③

③から，∠BCD＝$90°$　…④

②，④から，∠AEB＝∠BCD　…⑤

①，⑤から，2組の角がそれぞれ等しいので，

△ABE∽△BDC

(2) △ABE

で，三平方の

定理より，

AE$^2=6^2-2^2$

　　$=32$

AE＞0 より，

AE＝$4\sqrt{2}$ cm

△ABE と

△BDC は相似

で，その相似比は，$6:4=3:2$

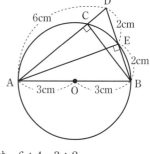

よって，BC＝$\frac{2}{3}$AE＝$\frac{2}{3}\times 4\sqrt{2}=\frac{8\sqrt{2}}{3}$(cm)

CD＝$\frac{2}{3}$EB＝$\frac{2}{3}\times 2=\frac{4}{3}$(cm)

AC＝$6-$CD＝$6-\frac{4}{3}=\frac{14}{3}$(cm)

△ABC＝$\frac{1}{2}\times$AC$\times$BC

　　　$=\frac{1}{2}\times\frac{14}{3}\times\frac{8\sqrt{2}}{3}$

　　　$=\frac{56\sqrt{2}}{9}$(cm^2)

8 (1) △LFG で，GC＝CL，FG//MC より，

LM＝MF，同様に，LN＝NH

よって，△LHF で中点連結定理より，

NM//HF，NM：HF＝1：2 となる。

よって，△LNM∽△LHF，相似比は，1：2

したがって，△LNM と △LHF の面積比は，

$1^2:2^2=1:4$

(2) 三角錐 LFGH で，面 FGH を底面とする

と，高さは LG＝8 cm だから，

$\frac{1}{3}\times\left(\frac{1}{2}\times 4\times 4\right)\times 8=\frac{64}{3}$(cm^3)

(3) CP…

GC＝CL，FG//MC より，

MC＝$\frac{1}{2}$FG＝2(cm)

同様に，NC＝2 cm

よって，△CMN は直角

二等辺三角形だから，

∠CMN＝$45°$

また，∠MCP＝$90°\div 2=45°$ だから，

△CPM も直角二等辺三角形で，

CP＝$\frac{1}{\sqrt{2}}$CM＝$\sqrt{2}$(cm)

AG…

AG は立方体 ABCD－EFGH の対角線だから，

AG＝$\sqrt{4^2+4^2+4^2}=4\sqrt{3}$(cm)

受験合格への道

受験の時期までにやっておきたい項目を，目安となる時期に沿って並べました。まず，右下に，志望校や入試の日付などを書き込み，受験勉強をスタートさせましょう！

受験勉強スタート！

夏秋

中学3年間を総復習する

まずは本書を使って中学3年間の基礎を固めましょう。**自分の苦手な範囲，理解が不十分な範囲，得点源となりそうな得意な範囲を知っておくことが重要です。**

単元別に対策する

①50点未満だった単元

→理解が十分でないところがあります。教科書やワーク，参考書などのまとめのページをもう一度読み直してみましょう。何につまずいているのかを確認し，ここでしっかり克服しておくことが大切です。

②50〜74点だった単元

→基礎は身についているようです。理解していなかった言葉や間違えた問題については，「基礎問題」のまとめのコーナーや解答解説をよく読み，正しく理解しておくようにしましょう。

③75〜100点だった単元

→よく理解できているので得意分野にしてしまいましょう。いろいろなタイプの問題や新傾向問題を解いて，あらゆる種類の問題，出題形式に慣れておくことが重要です。

志望校の対策を始める

実際に受ける学校の過去問を確認し，傾向などを知っておきましょう。過去問で何点とれたかよりも，出題形式や傾向，雰囲気になれることが大事です。また，似たような問題が出題されたら，必ず得点できるよう，復習しておくことも重要です。

冬

最終チェック

付録の「要点まとめシート」などを使って，全体を見直し，理解が抜けているところがないか，確認しましょう。**入試では，基礎問題を確実に得点することが大切です。**

入試本番！

志望する学校や入試の日付などを書こう。